희망이
있다면
외롭지
　않다

전쟁 장애고아에서
유엔 전문위원이 되다

희망이 있다면 외롭지 않다

김형식 지음

밀알

추천사

손봉호(현 기아대책 이사장, 전 밀알복지재단 이사장)

나는 1970년대 유학생활을 마치고 귀국한 후 한국 장애인에 대해서 관심을 기울이기 시작했다. 처음에는 교회 식구들이나 대학의 동료교수들과 같이 당시 열악하기 짝이 없는 장애인 시설을 찾아다니다가 강사로 강의한 총신 제자들이 밀알 선교단을 조직하자 그 고문으로 취임하여 지금까지 같이 활동하고 있다.

장애인에 대한 나의 관심은 가족이나 친척, 친구 가운데 장애인이 있어서도 아니고 유난히 동정심이 강해서도 아니다. 철학을 공부한 탓인지 감정이 메말라 불쌍한 사람을 보고도 눈물 한 방울 흘리는 경우가 거의 없다. 장애인과 관계된 나의 활동은 오직 차디 찬 계산에 따른 정의감에 근거한 것이다. 성경의 정의는 고 이근삼 박사가 표현했듯 '약자에 대한 하나님의 끈질긴 편애'다. 1970년대 한국 사회에서 가장 고통을 많이 당한 약자는 당시 지

성인들과 대학생들이 주장하던 노동자, 농민, 도시빈민이 아니라 장애인이라고 판단했다. 그 동안 다소 개선되었지만 아직도 장애인은 자신들의 잘못과 무관하게 고통을 많이 당하고 있다.

나와는 전혀 다른 연유에서 장애인을 위해 일생을 바치는 분이 김형식 교수다. 그가 쓴 《희망이 있다면 외롭지 않다》는 여러 관점에서 매우 독특한 전기다. 모든 사람의 삶이 다 독특하지만 김 교수의 일생처럼 파란만장한 경우는 그렇게 흔하지 않다. 6·25 전쟁고아는 많지만 장애를 입은 것이 다르고, 장애를 입었기 때문에 오히려 영국인 가정의 일원이 될 수 있었고 성공할 수 있었던 것은 더욱 특이하다. 그리고 그런 혜택으로 개발한 자신의 능력을 장애인 복지를 위하여, 그것도 국제적으로 활동하는 경우는 독보적이다. 이 책은 장애인이 된 한 전쟁고아의 삶에 대한 기록일 뿐 아니라 우리나라 비극적 역사의 생생한 기록이다.

나는 장애인의 고통을 이론적으로 따지고 상상으로 체험하지만 김 교수는 그것을 몸소 뼈저리게 체험했다. 그러므로 그가 수행하는 장애인 권익보호 활동은 나의 것보다 훨씬 더 절실하고 진실할 수밖에 없다. 그러나 그는 동시에 학자가 되어 그의 체험과 관심을 합리적이고 효과적으로 이용하고 실현할 수 있고 교육할 수 있게 되었다. 특히 장애인에 대한 그의 활동이 한국에 국한되지 않고 국제적이란 사실은 매우 독특하고 중요하다. 모든 인간은 하나님 사랑의 대상이고 그 가운데서도 고통을 가장 많이 받는 사람들이 하나님의 관심을 가장 많이 받는다. 그 하나님을 섬기는 한국의 그리스도인들은 이제 한국 장애인들보다 훨씬 더 큰 고통을 겪고 있는 가난한 나라의 장애인들에게 사랑을 실천해야 한다. 이런 목적을 위해서 활동하고 교육하며 계몽하는 데는 김형식 교수만큼 적격자가 없을 것이다. 그는 단순히 한국의 장애인 전쟁고아가 아니라 국제적인 도움을 받고 다문화적 경험을 쌓은 전문가이기 때문이다.

이 책은 내용도 흥미롭고 유익할 뿐 아니라 문체도 쉽고 아름답다. 독자들에게 장애인에 대해서 좀 더 올바르게 이해하도록 도울 뿐 아니라 장애인 복지의 지평을 넓혀주는 책이므로 모든 분들에게 읽어보기를 추천한다.

이야기를 시작하며

나는 아주 소박한 생각에서 이 책을 써야겠다고 생각했다. 나의 선배 교수는 내 삶이 파란만장했던 아브라함의 삶과 유사하다고 말했다. 한국전쟁 이후 고아로서, 장애소년으로서 여러 고아원과 장애시설을 전전하다가 영국 유학길에 오른 후 이제 애니카, 메디, 메니, 프레디, 코코, 메이플이라는 여섯 손주를 둔 할아버지가 되었기에 붙은 별명이다.

나는 자라나는 손주들에게 한국에서 태어난 할아버지가 어떻게 살아왔는지 재미있는 이야기로, 때로는 감동과 용기를 줄 수 있는 이야기로 들려주고 싶었다.

내가 지금까지 살아오는 동안에 분명히 깨달은 것은 인생은 홀로 사는 것이 아니라는 것이다. 수많은 사람들이 내 삶을 스쳐갔고, 내 삶 속에 들어와 살았다. 나는 그들에게 진심으로 감사하고 싶었다. 시대와 환경적인 특성 때문인지 이러한 만남은 선교사들과의 만남으로 시작되었고, 나의 부모가 되어준 영국의 재스퍼와 루시 드 카터렛Jasper de Lucy de Carterert 부부와 나의 형제가 되어준 그들의 자녀들에게 감사하며 이야기를 나누고 싶었다.

여유로운 호주에서 20여 년의 교수 생활을 마친 다음 1994년 도전의 나라 한국에 와서 나는 어렸을 때의 희망대로 국제 NGO에 발을 들여놓게 되었다. 특히 '한국장애인재활협회'는 내가 장애 당사자이자 사회복지를 전공한 까닭에 오랜 세월 관계를 유지해 왔다. '지구촌나눔운동'은 창설 초부터 베트남의 지뢰피해장애인 사업을 발전시켜 오늘에 이르고 있다. 이러한 인연으로 나는 UN 장애인권리위원회 전문위원으로서 활동하며(2011~2018년) 인권과 장애에 대한 관심과 활동을 이어왔다. 또한 '밀알복지재단'의 국제전문위원으로서 밀알복지재단의 아프리카, 중동 장애인사업 국제화에 관한 자문을 하게 되었다. 모름지기 국제협력전문가, 국제사회복지사가 된 것이다. 그래서 아직도 '국경 없는 사회복지사'를 만들고 싶은 희망이 있다.

나는 국제 NGO활동을 하면서 얻은 게 참 많았다. 그래서 이 작은 이야기를 책으로 펴내 그 수익금을 한국의 밀알복지재단에 재능기부 한다면 금액의 많고 적음을 떠나 기금 모금에 일조하리라는 생각이 들었다. 이 책이 재미있고 유익하게 읽히고, 동시에 의미 있는 기금 모금에도 일조하게 되리라는 작은 희망으로 이 책을 내놓는다. 끝으로 이 책을 출판하기로 결정해주신 밀알복지재단 정형석 상임대표님, 편집출판을 추진해주신 밀알디아코니아 연구소 김진 소장님, 밀알출판사에 감사드린다.

그리고 이 이야기의 전개에 관심을 가져 준 아들 마틴, 딸 리아, 아내에게 고마움을 전하며, 영문 초안을 읽으며 여러 가지 조언을 해준 마거릿 커루 여사에게 감사의 뜻을 전한다.

2017년 봄
김형식

차례

추천사_손봉호(현 기아대책 이사장, 전 밀알복지재단 이사장) • 4
이야기를 시작하며 • 7

영국 가정과 맺은 특별한 인연 • 13
옥스팜에서 온 편지 한 통 · 모순 덩어리 삶에 숨겨진 축복의 연결고리

전쟁의 잿더미 속에서 • 19
한국의 전쟁고아들 · 피난민의 도시 부산 · 후회

서울로 가는 길 • 27
나의 '절친' · 비행기 폭격 · 서울행 기차

미래와의 만남 • 38
운명 같은 만남 · 새로운 생활 · 편견이 주는 마음의 상처
유엔 전문위원이 되다 · 인권은 인간 공동체의 권리

장애인 시설에서의 유년 생활 • 54
장애인 재활시설, 보호인가 격리인가?
배움에 대한 강한 동기를 부여해준 선생님들 · 재활시설의 사계절
토레이 박사님의 주일 아침 상 · 음악 속의 생활 · 꿈을 키운 독서실 · 펜팔 친구
나만의 비밀 · 시설을 방문한 귀빈들

불가사의한 선교사 토레이 박사님 • 80
한국 최초의 재활사업가 토레이 선교사 · 베트남 장애인 사업
NGO 제국주의 · 국제사회복지 협력개발 철학
국제협력 현장의 상황 · 사회복지와 국제협력의 방향

날아다니는 네덜란드인 스틴스마 • 100
스틴스마 씨의 현명한 결정 · 공부하고 싶은 열망
스틴스마 씨 덕분에 만난 의외의 사람들 · 쿠데타
나를 위해 눈물을 흘리시는 예수 · 대학생활
거창고 전영창 교장선생님의 가르침 · 캘빈 대학의 '탁월한 졸업생'

영국 유학 생활 • 122
런던 정경대 학생이 되다 · 채링크로스가의 고서점들 · 책벌레 · 철학자 정원사
'사회민주주의'의 의미 · 아내가 된 주일학교 학생 · 독일로, 호주로 · 가족 여행

끝나지 않은 이야기, 북한으로 • 144
자본주의 남한과 사회주의 북한의 사회정책 연구 · 극비 연구
북한 연구여행 · 장애인이 하나도 보이지 않는 거리 · 평양 여행
고향 생각 · 김일성대학 교수들의 강의 · 북한 주민을 만날 수 없는 이유
호주 이민자들에게 거부당한 남과 북의 '화해 정신'

희망과 사랑의 편지 • 167
자메이카의 후원자 · 성경 구절과 시로 채운 편지들 · '사랑하는 어머니에게'
새로운 시작 · 식사시간이 주는 즐거움 · 웜 저택의 사람들
사람들의 마음과 영혼까지 치료하는 의사 · 6펜스의 추억
어머니의 유언장 · 어머니께서 간직하고 있던 옛날 편지들

에필로그 : 600파운드 새 지폐 • 198

영국 가정과 맺은 특별한 인연

옥스팜에서 온 편지 한 통

영국식 점심식사를 마친 어느 한가한 일요일 오후였다. 모두 차 한잔씩 손에 들고 여유롭게 거실에 둘러앉아 있었다. 창밖으로 내다보이는 정원은 참으로 아름다운 여름 장미와 로드댄드론(네팔 철쭉)이 활짝 피어 있었다. 웜wym의 정원은 아주 특별해서 계절이 바뀔 때마다 온갖 꽃들이 번갈아 피어 만발했고 겨울에는 눈 속의 장미와 스노우드럽도 피어났다. 나는 이렇게 아주 작은 과수원과 테니스코트 그리고 채소밭이 있는 아름다운 집에서 살았다.

그날 누군가가 어떤 진지한 이야기를 꺼내기 전에 모두 여유 있는 오후를 즐기고 있었다. 내가 '진지한'이라는 표현을 쓰는 이유는 우리 가족은 둘러앉기만 하면 전쟁, 남아프리카 공화국의 인종 차별, 종교분쟁, 자메이카의 정치상황, 또는 영국 1970년대의 가장 큰 사회문제였던 방임적 성性 등 제법 심각한 주제로 토론을 했기 때문이다. 나는 우리 집안의 이러한 토론문화를 아주 즐겼다. 그 이유는 내가 갓 시작한 영국의 대학생활에서도 이런 토론문화가 일상이었기 때문이다.

차를 마시는 중 누군가는 이날 침묵을 깨야만 했는데 바로 나였다. "내가 어떻게 해서 이렇게 놀라운 영국 가정에 와서 살게 되었지요?" 나의 영국 양어머니는 내 질문이 아주 재미있고 신기했던 모양이다. 어머니는 잠깐 멈추더니 "얘야, 그 질문 참 재미있구나!" 하셨다. 어머니는 나를 부를 때 항상 "My Boy(얘야)."라고 부르곤 했다. 그러고는 나에게 뒤편에 있는 캐비닛을 열어서 내 이름이 있는 파일을 꺼내보라고 하셨다. 나는 여러 장의 파일을 넘겨서 내 이름이 적힌 파일을 찾아냈다. 그 파일 속 내 이야기는 다음과 같이 시작된다.

어느 날 어머니는 그 당시 아주 작은 기관으로 설립 중이던 옥스팜Oxfam(영국 옥스퍼드에 본부를 둔 국제 빈민 구제 기관)으로부터 편지 한 통을 받았다. 그 편지에 20여 명의 아이들 사진과 각각의 인적사항이 적힌 브로슈어가 들어 있었다. 요르단, 인도, 아프리카, 한국 등 실로 세계 여러 나라 아이들을 소개하는 내용이었다. 아이들에 관한 간략한 소개와 함께 사진이 한 장씩 붙어 있었는데, 이 아이들은 거의 예외 없이 고아였고 가난하고 취약해 누군가가 도와주지 않으면 죽을 수밖에 없는 비참한 상황에 처해 있었다. 어머니가 이 아이들 각자의 비참한 이야기를 읽어 내려가다가, 한국의 소년 '김형식' 이름 앞에 왔을 때 눈길이 멈췄다. '너도 다른 아이들과 하나도 다를 것이 없다. 다만 너는 폭격으로 팔을 잃었기 때문에 다른 아이들보다 어려움이 더 크겠구나. 그리고 누가 장애소년을 택하겠는가.' 하고 생각하셨단다. 그래서 어머니는 나를 선택하셨다.

나는 이렇게 해서 이 특별한 영국 가정과 인연을 맺게 되었다. 이것은 의도하지 않은 순전히 행운처럼 보일 수 있다. 그러나 어머니는 나를 선택할 때 특별한 원칙을 가지고 계셨다. 그것은 '다른 사람보다 더 어려운 상황에 있는 사람이나 가족에게 우선순위를 준다'는 것이다. 몇 년 후에 사회정책과 사회복지를 가르치는 교수로서 호주와 한국에서 일할 때 나 또한 영국 어머니의 이 원칙을 아주 귀하게 여겼다.

정확히 언제부터인지는 모르겠는데, 약간 낭만적으로 보일지도 모르지만 나 자신을 예수께서 말씀하시는 '들에 핀 꽃'이라고 생각하기 시작했다. 그런데 그런 생각과는 달리 나는 아름다운 집 3층에서 살게 되었다. 영국에서의 첫날 밤 '내 방'에서 도저히 잠을 이룰 수가 없었다. 오리털 이불과 아주 깨끗한 세면대, 옷장, 책상이 있고, 300년 넘은 우람한 참나무가 내다보이는 창문이 있는 방이었다. 나는 생전 처음으로 내 방을 갖게 되었다. 나는 감정에 북받

쳐서 어쩔 줄 몰랐다.

모순 덩어리 삶에 숨겨진 축복의 연결고리

내가 1969년 9월 영국 히스로 공항에 도착했을 때 영국인 양부모와 형제자매들, 온 가족이 마중 나왔다. 나는 스물네 살이었다. 아버지는 켄트 주의 작은 도시 세븐오크스Sevenoaks에 있는 윔으로 차를 몰았다. 나는 지금도 정원의 아름다운 가로수를 거쳐 도착한 윔을 생생하게 기억한다. 이 글을 쓰면서 내가 1985년 3월에 양부모님께 쓴 옛날 편지 한 장을 발견했는데 거기에는 이렇게 쓰여 있었다.

나는 지금도 당신과 세븐오크스에 있는 옛 윔에 대한 견딜 수 없는 그리움과 향수를 막을 길이 없습니다. 나는 때때로 내가 처음으로 런던 공항에서 당신과 가족들을 만나서 온 가족이 한 자동차에 타고 윔으로 가던 때를 기억합니다. 윔의 독특한 냄새와 모습이 너무나 새로웠습니다. 내가 얼마나 내 방 창문을 통해서 내려다본 아름다운 정원을 즐겼는지 모릅니다. 내 아들 마틴은 어떻게 내게 영국 부모가 있는지 생물학적으로 잘 이해가 되지 않지만, 어쨌든 영국에 할아버지와 할머니가 있다는 사실은 좋은 것이라고 생각합니다.

나의 영국 아버지 재스퍼 카터렛과 어머니 루시 카터렛.

나의 영국 아버지는 레이먼드 재스퍼 카터렛Dr. Raymond Jasper de Carteret, 어머니는 엘라 루시 카터렛Ella Lucy de Carteret이다. 이제부터 풀어낼 이야기가 잘 보여주겠지만, 내가 이 아름다운 영국 가정에 들어와 관계를 맺게 되고 살게 된 것은 놀라운 행운이고 축복이었다. 이 가정과 나의 관계는 50년 이상 이어졌고 이제는 우리 아이들 세대까지도 이어진다.

내가 이 영국 가정과 인연을 맺게 된 것은 열여섯 살 때 한국에서다. 그리고 우리의 관계는 주로 편지를 통해서 이루어졌다. 내가 이들과 오랜 세월 동안 아름다운 관계를 이루어온 것은 "하나님을 사랑하는 자 곧 그 뜻대로 부르심을 입은 자들에게는 모든 것이 합력하여 선을 이루느니라(롬 8:28)."는 성경 말씀을 확증하는 것이다. 그렇지 않고서야 어떻게 내가 이러한 가정과 인연을 맺게 되었는지 설명할 수 없다. 이것은 기적이 아니다. 이것은 진실로 하나님의 은총이었을 뿐이다. 돌이켜보니 참으로 많은 사람들, 대개는 정말 고마운 사람들이 내 인생을 스치고 지나갔다. 내 삶과 함께한 사람들이 없었더라면 내가 어떻게 이 고된 인생을 살아낼 수 있었을까. 그들은 내 인생의 매순간 새로운 축복을 던져주기 위하여 그곳에서 기다리고 있었다. 이것은 어느 누구도 인생을 혼자 살아낼 수는 없다는 깨달음을 주었다. 내가 지금까지 활기찬 대학교수로 경력을 쌓고, 국제개발전문가로 활동하면서 다른 사람들의 삶 속에 들어가 그들과 함께하며 UN장애전문가로 일하고, 두 아이의 아버지와 여섯 손주의 할아버지가 된 것은 참으로 감사한 일이다. 평범하지 않은 인생을 살아오면서 여러 번 역경에 처했음에도 내가 공격적이거나 자기중심적이며 분노로 가득한 사람이 되지 않은 것에 감사한다. 그렇다. 나는 지금까지 어떤 불평과 불만을 갖지 않고 살아왔다. '모든 일'은 1950년 한국전쟁 때 시작되었다. 비록 그때 한쪽 팔과 어머니를 잃었지만 그것이 살아가면서 수많은 사람들을 만나게 하는 계기가 되었다. 내 삶은 온통 모순으로 가득 차 있지만 그 모든 것은 숨겨진 축복들이었다.

전쟁의 잿더미 속에서

한국의 전쟁고아들

나는 눈을 떴다. 적어도 눈을 떴다고 생각했다. 그리고 내 팔과 다리가 침대의 난간에 매달려 있는 것을 보았다. 이어서 한번도 본 적이 없는 사람들의 모습을 보았다. 그때 내 나이 겨우 여섯 살이었으니 내가 기억할 수 있는 것들은 상당히 희미하고 제한될 수밖에 없다. 내가 마지막으로 기억하는 것은 비행기 폭격을 피하기 위해 이리저리 뛰면서 숨으려는 사람들 속에 있었다는 것이 전부였다. 내 팔에서 피가 콸콸 나오는 것을 얼핏 보았다. 그런데 전혀 아픈지 몰랐다. 또한 팔목도 보이지 않았고 나를 붙잡고 도망가던 군중 속의 어머니 모습도 보이지 않았다. 그런데 그때 누군가가 나를 번쩍 들어 올리는 것을 느꼈다.

거기까지가 내가 기억할 수 있는 모두였고 그때 나는 군의 의료진들, 생전 처음 보는 사람들에 둘러싸여 있었다.

2~3년 지난 후에 내가 폭탄이 쏟아지는 곳에 있었으며 어떤 사람들이 나를 야전병원으로 데려왔다는 말을 들었다. 폭격의 혼란 중에 어머니를 잃어버렸고, 몇 주가 지나고 내 눈 속에서 파편 조각을 꺼낸 후에 겨우 조금씩 시력을 되찾았다고 했다. 또한 나는 파편으로 몸의 여러 곳에 심한 부상을 입었지만 팔다리를 모두 잃은 것은 아니어서 참 다행이라고들 했다. 당시 의료진이 상당히 애를 쓴 덕분이었다.

내가 들은 이야기로는 미군을 포함한 의료진이 부산 근처의 고아원에 나를 맡겼다고 한다. 그러니까 부산에 오기 전까지 이동하는 군부대와 함께 있었던 것이다. 나는 그 고아원에서 다른 전쟁고아들을 만나 모험 가득 찬 삶을 시작했다. 그러나 고아원에 도착한 후에도 몇 달 동안 침대에 누워 있어야 했다. 몇 달이 지난 후에 일어나서 걸을 수 있을 듯한 기분이 들었다. 그러나 도저히 몸을 일으킬 수도, 걸음을 뗄 수도 없었다. 나 자신이 너무나 무겁게 느껴졌고 조금도 움직일 수가 없었다. 몇 발자국 떼기도 전에 다른 소년들이 나를 부축해서 일으켜 세워야만 했다. 나를 도와준 미군 병사들이 누구인지 궁금했고, 어떻게 그 포화 속에서 나를 도와줄 수 있었는지 의아했다. 나는 지금도 '전쟁의 잿더미' 속에서 나를 살게 해준 그들에게 감사한다.

2002년 여름 무렵, 퍼스Perth 교회 담임목사님이 감리교총회에 참석하고자 서울을 방문한 적이 있다. 그분은 서울의 내 집에 묵었는데, 그다음 날 관광차 전쟁기념관에 가고 싶다고 했다. 그곳은 내가 사는 곳에서 아주 가깝기 때문에 잘 아는 곳이었다. 그런데 목사님께서 전쟁기념관을 방문하자고 해서 조금 놀랐다. 나는 전쟁기념관이라고 해봤자 평화보다는 전쟁을 찬양하는 곳에 지나지 않을 것이라고 생각했다. 어쨌든 나는 전쟁과 관련된 모든 트라우마와 인간적인 비극을 되새기고 싶지 않았다.

그분을 모시고 전쟁기념관의 이곳저곳을 안내하던 나는 한 전시관 앞에서 갑자기 발을 멈추었다. 그곳에는 내가 어린 시절부터 기억하고 가끔 밤마다 나를 괴롭히는, 도망치는 난민들의 모습과 땅굴, 움막 등의 모습을 그대로 재현해놓았다. 또한 어린 시절에 어머니와 다른 난민들, 특히 내 어린 난민 친구들과 함께 보낸 난민촌의 모습을 그대로 만들어놓았다. 이 광경 때문에 깊은 충격을 받고 슬픔에 쌓일 수도 있었다. 그런데 오히려 그 반대였다. 한동안 잃어버린 어린 시절의 난민촌 속으로 들어온 나는 기쁨의 눈물을 흘렸다. 그날 전시장을 몇 번이나 돌면서 모든 것을 카메라에 담았다. 그리고 그 후로 틈날 때마다 나 혼자 그곳을 찾아가 그 전시관을 관람했다.

피난민의 도시 부산

부산에서의 나의 생활은 도시 밖에 있는 아주 작은 고아원에서 시작되었다. 약 80명의 남자 고아들이 거기에 살았는데 우리는 하루 종일 두 가지 일에 매달렸다. 하나는 채소밭에서 일하는 것이고, 또 하나는 배고픈 배를 채우기 위해서 감자를 캐내는 것이었다. 고아원 원장님이나 다른 직원들은 우리를 굶기지 않으려고 그들 나름으로 최선을 다했으나, 솔직하게 이야기하면 고아들은 고마운 마음을 별로 표현하지 않았다. 고아들은 전반적으로 불안해했고 안정을 찾지 못했다. 그럼에도 나를 포함한 고아들은 잠잘 곳이 있고 끼니마다 무언가를 먹을 수 있어서 참 운이 좋다고 생각했다.

노란색 강냉이와 밀가루 그리고 쉽사리 삼킬 수 없는 거친 밀기울이 주식이었다. 그 식량들은 우리가 굶어죽지 않도록 여러 나라에서 보내준 구호물자였다. 그 구호품들은 전쟁 중이나 전쟁 후에도 실제로 우리를 살려낸 '생명선'이었다. 고아원에서는 이 가루들을 섞어서 수제비를 만들어 우리에게 주었는데, 우리는 김치나 매운 고추장을 섞어 먹었다. 때로는 이 가루들이 너무 흔하게 돌아다녀서 큰 아이들 중 몇몇은 이것을 작은 아이들에게서 빼앗아 용돈을 마련하려고 암시장에서 팔았다.

우리는 돈이 될 만하면 아무것이나 팔아먹었다. 헌옷, 잼, 커피,

담배, 초콜릿, 비스킷, 통조림고기 등이 들어 있는 미국 구호품에서 빼내온 물건들이었다. 놀랍게도 그 돈들이 상당히 유용하다는 것을 깨닫게 되었고 나 또한 치약이나 칫솔 등을 사기 위해서 돈이 필요했다. 치약을 쓰는 것이 소금으로 양치질하는 것보다 훨씬 좋았다. 그 고아원은 북한과 남한에서 몰려온 착한 아이들뿐 아니라 나쁜 아이들이 모여 있는, 한마디로 작지만 인류의 모습을 그대로 드러내 보였다. 당시는 온 나라가 전쟁에 휩싸여 있었으며, 어디에서든 가족은 실종되고 흩어졌다. 부모와 함께 있는 다른 아이들과 비교해볼 때 고아원의 아이들이 설사 구호품이나 거친 식품으로 배를 채운다 해도 비교적 괜찮게 보호받는다고 생각했다. 피난 중인 대부분의 사람들은 아사 직전이었다. 그런 상황에서 온 국민이 전쟁의 궁핍과 어려움을 그런대로 잘 견뎌냈다는 것은 참으로 경이로운 일이었다.

사람들은 고아원 아이들을 곧바로 알아보았는데, 그것은 우리 모두 색깔도 디자인도 생소한 구호물자를 입고 있었기 때문이다. 한국의 옷들과는 전혀 달랐다. 원장님은 좋은 옷들을 나에게 따로 챙겨줄 만큼 나를 각별히 대해주었다. 나는 언제나 특별한 아이처럼 보였다. 그런데 문제는 사람들이 대부분 고아를 좋아하지 않는다는 것이었다. 그들은 우리가 모두 도둑이 되거나 비행 소년이 될 거라고 생각했다. 전쟁의 희생자들인데 우리를 향한 편견은 대단했다. 우리도 그들의 자녀들과 하나도 다를 게 없었는데도 말이다. 다른 게 있다면 버거울 만큼 깊은 상처를 입고 사랑에 굶주리고, 버림받고, 걱정과 외로움을 많이 가지고 있다는 것뿐이었다. 고아들은 전쟁과 빈곤의 부산물이라는 것을 모르는 듯했다.

그 당시 부산은 몰려드는 수많은 피난민들로 북적거리는 도시였다. 그리고 지저분한 판잣집과 사람들로 꽉 채워져 있었다. 가난, 상실감, 황망함, 혼동, 불결함이 도시의 전부인 것 같았다. 부산은 항구도시였기 때문에 여러 나라에서 보내오는 구호물자가 넘쳐나서 우리는 다른 도시에 비해 형편이 나은 편이었다. 특히 우리는 미군 병사들에게서 도움을 많이 받았는데, 먹을거리, 커다란 미군 군화, 파카 등을 듬뿍 갖다 주었다. 몸도 작은 아이들이 커다란 군화에 파카를 입고 다니는 모습은 정말 볼 만했다. 마치 우주인들이 달 위에서 걸어 다니듯 말이다. 우리와 다른 외국 사람들을 우리는 무조건 '미군'이라고 불렀다. 그들은 고아들을 참 잘 보살펴주었는데, 크리스마스 때는 정말 대단했다. 그들은 우리에게 사탕, 껌, 풍선을 갖다 주고 미국 서부영화를 보여주기도 했다. 그들이 준 푸짐한 선물꾸러미는 잠시나마 우리의 암시장을 활성화하기도 했다. 그러나 크리스마스가 매일 있는 것은 아니고 크리스마스가 돌아오기까지는 너무 오래 기다려야 하므로 그 기쁨은 곧 기억 속에서 사라졌다.

후회

우리는 고아원 생활의 따분함을 이겨내기 위해 참으로 기발한 아이디어를 잘도 만들어냈다. 감시가 그리 심하지 않아서 우리는 부산 시내로 빠져나가 떼를 지어 시장터를 돌아다녔다. 그러다가 가끔 가판대의 물건을 훔치거나 소매치기를 하기도 했다. 어떤 아이들은 아예 며칠, 몇 달 동안 도망을 가기도 했다. 얼마 후 고아원으로 돌아온 아이들이 밖에서 가지고 온 이야기는 대단히 흥미로웠다. 가장 관심을 끈 것은 무임승차로 기차를 타고 다니는 모험 이야기였다. 얼마나 멀리 갔는지는 모르지만, 기차 안에서 삶은 달걀과 김밥, 물을 팔아서 돈을 모았다. 어린 나이인데도 벌써 돈을 벌어들이는 수완이 있었다! 어떤 아이들은 더운 여름에는 도망을 갔다가 겨울이 되면 돌아왔다. 물론 돈도 많이 벌어 가지고 왔다. 고아원의 큰 아이들에게 붙잡히지 않고 아주 가버리는 아이들도 있었다. 나도 언젠가는 도망을 한번 가야겠다는 생각을 하게 되었다. 돈을 번다기보다는 서울이나 북쪽 국경선 쪽으로 가면 행여 어머니를 찾게 될까 하는 생각에서였다.

나도 딱 한 번 도망을 해본 적이 있다. 실은 도망이 아니고 고아들을 학교에 보내주는 곳이 있다고 해서 찾아나서본 것이다. 도망을 생각하면서도 제일 마음에 걸린 것은 혹시 내가 부산에 와서 알게 된 친절한 미군 병사들이 서운해하면 어떡하나 하는 것이었다.

내가 찾아간 새 고아원 '구세군 후생학원'은 여러 말 없이 나를 받아주었다. 나는 원장님에게 학교에 가고 싶어서 예전 고아원에서 도망쳤다고 말했다. 그러나 거기서 반년 정도나 있었는데 아무도 학교에 보내줄 생각을 하지 않았다. 부산의 고아원보다 더 나쁘지는 않았지만 좀 달랐다. 큰 아이들은 아주 거칠어서 돈이나 팔 만한 것을 가져오라고 강요했다. 그들은 함께 행동하며 본격적으로 도둑질을 했고 나에게 따라오라고 했다. 나는 예전 고아원에서 도망친 것을 후회하기 시작했고, 절단한 왼팔에 통증이 심해져 의사도 필요했다. 폭격 때 생긴 흉터와 절단한 팔이 모두 아팠다. 혹시 이러다가 오른팔마저 잃으면 어떡하나 걱정이 되었다. 사실 그때 나는 여전히 2년 전의 폭격에서 회복 중이었다. 새 고아원이 몹시 싫었고, 쉴 수 없었고, 행복하지 않았다. 원장님도 나를 야단치지는 않았지만 화가 난 것만은 숨길 수 없었다.

서울로 가는 길

나의 '절친'

두 계절이 지난 어느 날 '절친alter ego'이 함께 서울로 도망가자고 나를 설득했다. 서울에 가면 행여 어머니를 찾을 수도, 학교에 갈 수도 있을 것이라고 꾀기 시작했다. 내가 그 친구를 '절친'이라고 부르는 이유는 그 친구는 항상 용감하고, 마음 씀씀이가 크며, 못하는 게 없어서 맘 놓고 모든 것을 그에게 의지하도록 했기 때문이다. 나보다 몇 살이나 위였고, 북한에 살 때 내 또래 동생이 있었다고 했다. 나아가 그는 나에 대한 모든 비밀까지도 알고 있는 듯했다. 그가 나의 어머니를 언급할 때면 견딜 수가 없었다. 그는 내가 오랫동안 어머니나 할아버지 할머니를 생각하지 못했고 심지어 그리워할 여유도 없었다는 것을 알아차리게 했다. 정말로 대단한 것도 아닌 내 작은 삶 속에 푹 파묻혀 있었다! 그제야 겨우 헤어진 어머니를 생각하기 시작했다.

비행기 폭격

나는 북한 해주 할아버지의 큰 농가에서 살았다. 할아버지는 나를 등에 업고 다니셨고, 나와 놀기 위해 장롱에서 동전을 쏟아 놓기도 하셨다. 할아버지는 일손을 몇 명 거느리실 만큼 농사를 크게 지으신 것으로 기억한다. 할머니는 조용히 뒷전에서 집안 살림을 꾸려나가셨다. 나에게는 형제들이 없었으므로 나는 항상 어머니와 함께 있었다. 항상 나와 함께 노래를 불렀고 나를 무릎 위에 앉혀놓고 주기도문을 외우도록 하셨다. 때로는 곁에 앉아 서예를 하시는 어머니의 벼루에 먹을 갈아드렸다. 어머니는 하루에도 몇 시간씩 동양화와 서예에 몰두하셨다. 때로는 온종일 수예만 했다. 아버지는 집에 없었는데, 할아버지는 종종 이제 곧 아버지가 돌아올 것이라고만 하셨다. 지금 생각건대, 아버지는 당시의 많은 한국 젊은이들이 그랬듯이 일본군에 끌려가 복역 중이었을 것이다. 할아버지의 농가는 단출한 우리 네 식구에게는 너무 컸고, 집안 분위기도 항상 조용하고 가라앉아 있었다.

어느 날 어머니가 다른 도시에 살고 있는 삼촌을 만나러 간다고 했고, 나는 한번도 만나본 적이 없는 삼촌을 만난다는 생각에 마음이 들떠 있었다. 어머니는 짐을 한 보따리 챙겨 드셨고 나에게는 내 가방을 둘러메라고 하셨다. 할머니는 쌀 한 주머니를 만들어 내 허리춤에 매어주시면서 배가 고플 때 꺼내 먹으라고 하셨다. 우리는 아주 오래된 빨간색 소방차에 올라타고 삼촌 집으로 가는 여행을 시작했다. 그 소방차에는 이미 다른 사람들이 빽빽하게 올라타 있었다. 그날은 찬바람이 세차게 몰아치는 아주 추운 날이었다.

여행을 떠난 지 얼마 지나지 않아 소방차가 고장이 나서 자주 멈춰 서기를 반복했다. 우리는 늦은 저녁 때 바닷가 포구 마을에 도착했다. 이제 그 불자동차에서 내려 우리는 많은 사람들과 뒤섞여 작은 선박으로 옮겨 탔다. 오래 기다리지 않아 배가 움직이기 시작했는데, 모두 조용히 해야 된다고 단단히 주의를 받았다. 그러나 불행히도 어린애들이 울어대기 시작했고, 우리 모두 총격을 당하기 전에 우는 아이들을 바다에 버리라는 소리가 들려왔다. 물론 나는 무슨 일이 일어나는지 잘 몰랐고 이렇게 해서 삼촌 집으로 가는 거라고만 생각했다. 그리고 깊은 잠에 빠졌기 때문에 밤새 배안에서 무슨 일이 일어나는지 전혀 몰랐다.

다음 날 새벽 우리는 어느 곳엔가 도착했다. 그런데 그것이 여행의 끝이 아니었고, 길을 따라서 계속 걸어야 했다. 할머니가 꾸려주신 흰쌀들을 조금씩 꺼내 먹기 시작했다. 멀리서 들려오는 대포 소리가 하루 종일 우리를 뒤따랐다. 피난길에 우리 동네에서 살던 이웃들을 여럿 만났기 때문에 삼촌을 만나러 간다는 걸 까맣게 잊어버렸다. 그들은 가끔 우리 집에 일을 거들어주러 왔기 때문에 잘 알고 있었다.

우리 모두 먹을거리를 장만하기 위해 길거리에 모닥불을 피웠다. 나는 이미 그때쯤 할머니가 싸주신 쌀을 다 먹어버렸다. 할아버지 할머니는 어떻게 지내시는지 궁금했다. 할아버지는 내가 곧 돌아오면 다시 만날 거라고 하셨다. 몽둥이와 총을 들고 몰려온 여러 명의 일꾼들이 할아버지에게 마당에서 무릎을 꿇으라고 하며 큰 소리로 죽이겠다고 위협하던 것도 생각났다. 무엇이 이 사람들을 이렇게 변화시켰는지 알 수가 없었다. 어떤 사람들은 긴 가죽 구두에 군복을 입기도 했다. 나는 우리 집 일꾼이 정말로 할아버지를 죽였을지도 모른다는 생각에 걱정이 되었다. 할아버지를 생각할 때마다 할아버지와 함께 문가에 심은 포플러 나무가 생각난다. 지금쯤 많이 자랐을 텐데 하고 생각하며, 때로는 어머니보다 그 나무가 더 보고 싶었다. 나는 포근함을 생각할 때마다 할아버지의 농가를 떠올렸다. 거리의 소년이 포근했던 어린 시절을 그리워할 수 있는 것은 그나마 다행이었다. 내게는 자선을 받는 것 이상의 것이 필요했다.

거의 하루 종일 걸은 후 우리는 겨우 쉴 만한 곳에 도착했다. 오래된 비행장인데 거기에는 이미 북한에서 피난 내려온 많은 사람들이 몰려와 있었다. 그들은 모두 하나같이 나뭇가지와 판때기, 종

이상자로 움막을 지었는데, 어느새 번듯한 새 집이 되어 있었다. 피난처에서 만난 우리 동네 사람들도 언 땅을 파고 땅굴을 만든 뒤 가마니나 종이상자로 지붕을 만들어 잠잘 곳을 마련해야 했다. 이토록 어려운 상황에서도 사람들이 만들어내는 것들이 실로 경이로울 뿐이었다. 아이들은 밤낮 없이 총칼로 전쟁놀이를 했다. 우리는 가끔 군인들을 만났는데 장교들은 긴 가죽 구두에 군복을 잘 차려 입었다. 사람들은 남루한 푸른색 군복을 입은 군인들을 '인민군'이라 불렀다. 가끔 여성들은 음식 준비를 하도록 동원되었는데, 그런 날은 그녀들이 부대에서 가져온 음식으로 우리가 배불리 먹을 수 있었다. 인민군들은 대체로 친절했고 길게 강연도 하고 우리에게 노래도 가르쳐주었다. 그때 배운 멜로디를 아직도 조금은 기억한다.

아이들은 폭격 소리가 나면 두꺼운 솜으로 귀를 막고 이불을 뒤집어쓰고 숨으라는 지시를 여러 번 들었다. 때로는 하루에도 몇 번씩 이불을 뒤집어쓰고 숨어야 했다. 그런가 하면 우리는 총알과 탄약 가루를 찾아 모으느라 들판을 싸돌아다녔다. 물론 어른들한테 들키면 모두 빼앗겼지만 총알을 모닥불에 던져 넣고 담벼락 뒤에 숨거나 땅에 바짝 엎드리는 등 위험한 놀이를 했다. 군대의 긴 행진을 구경하는 것도 빼놓을 수 없는 재미 중 하나였다.

그런 날을 보내던 중 어느 날부터인가 긴 가죽 구두를 신은 군인 장교들이 보이지 않는 대신 '양키' '헬로'라고 하는 군인들이 며칠 밤낮을 행군해 들어왔다. 길가에는 탱크들과 무장한 자동차들이 수없이 들어찼다. 우리는 새로 나타난 낯선 군인들을 환호하며 따라다녔고, 그들은 우리에게 온갖 사탕과 과자, 껌을 던져주었다. 우리가 불쌍해 보였거나, 어린애들을 사랑했던 모양이다.

어느 여름날 이른 새벽, 우리는 눈에 잘 보이지도 않는 구름 속에서 수백 대의 비행기 소리가 들려오는 것을 들었다. 며칠 전부터 큰 폭격이 있을 테니 미리 피하라는 삐라가 날아다녔다. 정말로 날씨도 우중충했고, 사람들은 모두 초조하고 걱정스러워 보였다. 그런데 갑자기 폭탄이 떨어지기 시작했고 놀란 사람들은 이리저리 마구 뛰었다. 한마디로 지옥이 따로 없었고 사람들은 고함을 지르며 엉엉 울어댔다. 나는 어머니를 찾으려고 둘러보았다. 항상 내 곁에 계셨는데 더 이상 보이지가 않았다. 나는 혼란스러움 속에 홀로 서 있었다. 폭격은 계속되었고, 갑자기 내 팔에서 피가 쏟아지고 팔목이 거의 잘린 것을 보았다. 그리고 그 순간 내 몸이 번쩍 들리는 것 같았는데, 그다음엔 어떻게 되었는지 전혀 기억이 나지 않는다. 며칠이 지났을까? 폭격을 당한 후 처음으로 어느 야전병원에서 눈을 떴다. 거의 잊어버릴 뻔했던 어린 시절의 고향집, 할아버지 할머니, 어머니에 대한 기억, 걷고 또 걷던 피난길, 한밤중의 뱃길 여행, 땅굴 움막에서 보낸 난민들과의 생활, 피난민들의 거처를 파괴해버린 비행기 폭격……. 이러한 모든 생각들이 마치 백일몽 같았고 봄날의 아지랑이 같았다.

서울행 기차

'절친'이 내일 새벽 통금이 해제되면 우리는 '도망가는' 것이라며 나를 깨웠다. 그때는 전쟁 중이기 때문에 통행금지가 있었다. 나에게 안정을 준 정든 고아원을 떠나야 한다는 아쉬움이 있었지만 조금도 지체할 시간이 없었다. 그동안 모아둔 소지품도 두고 떠나야 했다. 그래 봐야 헌 옷 몇 벌과 암시장에서 팔려고 모아둔 보잘것없는 물건들이지만.

우리는 부산역에 도착해 천천히 움직이는 기차에 올라탔다. '절친'이 우리는 지금 서울로 가고 있다고 말했다. 고아원에 있을 때 기차를 타고 다니는 모험담을 많이 들었는데, 내가 드디어 기차에 올라탄 것이 아주 신기했다. '절친'이 텅 빈 배를 채우도록 군인들이 먹는 비스킷 몇 조각을 주면서 자기를 따라 기차 지붕 위로 올라오라고 했다. 아주 캄캄한 밤이었고, 기차 지붕 위에는 내가 한 손으로 잡을 수 있는 것이 거의 없어서 상당히 겁이 났다. 기차가 달리는 동안 쇠막대기를 꽉 붙들고 날아드는 석탄가루를 피하기 위해 눈과 코, 입, 심지어는 귀까지 막아야 했고 찬바람은 쌩쌩 불었다. 우리 얼굴은 굴뚝 청소부처럼 온통 새카맣게 되었다.

승무원이 우리를 잡으려 했기 때문에 계속해서 자리를 옮겨야 했다. 기차가 역에 정차할 때마다 승무원이 올라와서 우리를 기차에서 내려보냈다. 우리는 무슨 일이 있어도 서울에 가야 하기 때문에 포기할 수 없어서 기차가 출발하면 다시 올라탔다. 기차 지붕에 기어오르는 여행에 지쳐서 우리는 부산과 서울의 중간쯤 되는 대전역에 내렸다. 우리를 쫓아다니는 승무원은 말할 것도 없고, 우리도 지치고 배가 몹시 고팠다. 승무원과 숨바꼭질을 하는 사람들이 우리 둘 말고도 아주 많았다.

나에게 대전은 생소한 도시였다. 그러나 이곳도 수많은 피난민과 절망으로 가득 차 있어 부산과 조금도 다르지 않았다. 한때는 교통의 중심지로 수송과 산업의 중심지였다고 하나 미군이 도시 중심을 무차별 폭격으로 파괴했기 때문에 건물들은 거의 다 부서진 상태였다. 가는 곳마다 파괴된 건물의 잔해들이 쌓여 있고 사람들은 거의 기아 상태에서 헤매고 있었다. 적어도 부산은 이런 폭격을 당하지 않았으니 다행이라는 생각이 들었다. 길을 헤매는 황망한 표정의 사람들, 길을 꽉꽉 메우는 난민들, 길거리를 가득 채운 판잣집과 물건을 파는 좌판들……. 물건을 판다기보다는 옷과 패물 등을 식량과 바꾸는 것이었다. 우리는 첫날부터 잠잘 곳이 없어서, '절친'이 정거장 근처에 그대로 있어보자고 했다. 다음 날 다시 서울행 기차를 타야 할지도 모르니까.

그날 오후에 아이들 몇 명이 몰려와서 '절친'과 이야기를 나누었다. 우리는 그들이 살고 있는 다리 밑 움막에서 하룻밤 자기로 했다. 그 움막은 그 아이들이 만든 것이었다. 그래도 하늘 밑에서 자는 것보다는 좋았다. 거기에는 이미 아이들이 여러 명 있었고,

지금도 어떤 음식인지는 설명할 수 없는 먹을 것도 조금 내주었다.

'절친'과 나는 철로가의 아이들과 새로운 생활을 시작했고, 그들이 하는 것을 따라서 했다. 하는 일이란 주로 달리는 기차 지붕에 기어올라가서 포대에 석탄을 가득 채워 팔거리를 장만하는 것이었다. 우리가 만난 아이들 말고도 여러 그룹의 아이들이 비슷한 일을 하고 있었다. 좀 더 큰 아이들은 과감하게 통나무 등 돈이 될 만한 것을 끌어내렸다. 나에게는 기차 옆에서 뛰면서 따라다니라고 했다. 어차피 한 팔로는 기차를 오르내리기가 어려웠다. 위에서 아이들이 포대를 채워서 아래로 던지면 나는 그것을 주워 날랐다. 물론 그 당시의 기차는 요즘과 달리 아주 느렸다. 그렇다 해도 달리는 기차에서 물건을 끌어내리는 것은 상당한 기술과 용기가 필요한 일이었을 것이다. 우리는 이렇게 해서 모은 작은 석탄 덩어리들을 팔았다. 내 손엔 돈이 단 한 푼도 들어오지 않았으나 그들과 함께 먹고 자도록 해주었다. 우리는 그 아이들과 선로변을 빙빙 돌면서 한여름을 보냈다. 가끔은 여름 장마가 우리에게 휴식을 주었다.

그러던 어느 날 '절친'이 이제는 더 이상 이렇게만 살 수 없다며 불편한 마음을 털어놓았다. 우리는 아이들의 거처를 슬그머니 빠져나와 사람들이 많은 장터로 들어섰다. 그는 사과 궤짝 두 개를 내어놓고 성냥과 종이부채를 올려놓으며 나에게 팔라고 했다.

"나보고 물건을 팔라고? 어떻게?"

나는 큰 소리로 사람들을 불러 모아 사과 궤짝 위의 물건을 팔아야만 했다. 그러나 죽어도 이것만은 할 수 없었다. 나는 물건을 하나도 못 팔았고 부끄러워서 죽을 지경이었다. 나는 그 일이 내게 맞지 않는다는 것을 알았다.

며칠이 지난 후 나는 혼자서 다시 서울로 가는 기차를 탈 요량으로 대전의 길거리를 방황하고 있었다. 그러려면 철도가의 아이들과 '절친'에게 들키지 않도록 아주 조심해야 했다. 나는 손목이 없는 왼팔에 깡통 하나를 들고 음식을 구걸했고, 길가의 아무 데서나 잤다. 내 작은 몸 하나 길가에 뻗치는 것은 그리 어려운 일이 아니었다. 그런데 다시 기차를 타는 것이 그렇게 쉽지 않았다. 혹시 서울이라는 이름 때문에 지레 겁을 먹고 망설이는 것은 아니었을까? 아니면 대전에 와서 만난 용감한 철로가의 아이들을 떠나고 싶지 않은 것인가? 텅 빈 배로 풀밭에 누워 하늘을 쳐다보니 지난 수년간의 일들이 생각났다. 행복하게 살았던 할아버지의 농가, 쉽게 설명할 수 없는 피난민들과의 긴 여정, 피난민 캠프에서 만난 아이들, 비행기 폭격과 혼란스러움. 폭격 후 와서 살게 된 고아원, 추운 겨울에는 참아내고 여름이 오면 곧잘 도망을 나오던 곳, 가끔은 큰 아이들에게 끌려가기도 하고……

더운 여름철에는 길거리를 헤매고 다니며 구걸하고, 물건을 훔치고, 철로 변에서 석탄 가루를 줍고, 간혹 폭력을 당하면서도 길거리의 모험과 자유로움을 즐겼다. 여름밤에는 길바닥에서 자는 것도 아랑곳하지 않았다. 그러나 겨울에는 쌀가마니 몇 장과 종이 상자로 추위를 막아내야 했다.

한국 전쟁 때는 도둑이 많았다. 나는 아직도 그 어원을 모르는데 미군들은 우리를 '스니키 보이스 sneaky boys'라고 불렀는데, 아마도 도둑놈이라는 의미일 것이다. 그래서 미국 사람들은 한국을 '도둑놈의 나라'라고도 불렀다. 열차 승무원들과의 숨바꼭질도 빼놓을 수 없는 기억 중 하나다. 우리가 도둑질을 하지 않을 때는 특별한 목적지가 없어도 기차에 올라타는 것이 놀이였다. 우리는 정말 신나게 살았다. 그러다 결국은 하나둘 제 갈 길로 갔고 다시 찾을 길도 없었다. 나는 지금도 가끔 생각한다. '고아원 아이들은 왜 안전한 고아원에서 도망쳐 더 큰 어려움 속에 뛰어들려고 했을까? 혹시 그것이 그들 나름의 트라우마나 외로움을 달래는 방법이었나? 지금이라도 길에서 만난다면 알아볼 수 있을까?' 가끔은 만나보고 싶고, 어디에서 어떻게 살든지 잘 살고 있기를 바란다. 어릴 때부터 얼마나 고생한 아이들인데…….

미래와의 만남

운명 같은 만남

왼팔에 깡통 하나를 덩그러니 달고서 길거리를 돌며 구걸하는 내 모습은 여느 때와 다름없었다. 자고 일어나서 하는 일이라곤 하루 종일 구걸하는 것이라니 내 인생도 참 안됐다는 생각이 들었다. 그런데 어느 날 내 앞에 검은 승용차 한 대가 멈추어 섰고 그 안에서 키가 큰 '미국인' 노신사 한 분이 내렸다. 사실 부산 고아원에서 도망 나온 후 오랫동안 미국 사람을 보지 못했다. 그 옆에 서 있던 한국인이 나에게 가까이 오라고 손짓을 했다. 이 미국인 노신사는 미소 띤 표정으로 통역관을 통해서 몇 가지 질문을 하고 자기 차에 올라타라고 했다. 미국 사람을 처음 만나는 것이 아니기 때문에 낯설거나 겁이 나지는 않았다. 그런데 이 노인은 왼팔에 가위 또는 갈고리 같은 것을 하고 있었다. 물론 나는 그날 이분을 만난 것이 내 인생의 최대 전환점이 되리라는 것을 전혀 몰랐다. 나는 그때 열한 살쯤이었는데 이 노신사는 앞으로 내 운명을 완전히 바꾸어놓을 곳으로 차를 몰았다.

나를 데려간 곳은 한국 최초의 '한국 수족절단자 직업재활원 Korea Vocational Rehabilitation Center for the Handicapped'이었다. 미국인 노신사는 그곳의 한국 직원에게 나를 보냈고, 그는 나의 이름, 나이, 부모, 고향 그리고 어떻게 팔을 잃었으며 그동안 어떻게 살아왔는지 등을 물었다. 내가 하는 이야기를 두꺼운 노트에 정리하는 동안 나는 사무실의 창문 밖으로 사람들이 오가는 것을 내다보았다. 그런데 그들은 모두 보통 사람들과는 달랐다. 거의 모두 목발을 짚었거나 휠체어를 타는 등 팔이나 다리가 없는 사람들이었다. 나는 이렇게 다양한 '불구자'들이 한곳에 모여 있는 것을 본 적이 없어서 다소 혼란스러웠다.

면담이 끝나고 백여 명이 함께 식사하는 식당으로 안내되었다. 그곳에 있던 사람들은 나를 한번 흘깃 쳐다보고는 저녁식사를 하느라 여념이 없었다. 나는 곧바로 그 식당에 있는 남녀노소 모두 장애인이라는 것을 알아차렸다. 도대체 이 많은 장애인이 다 어디서 왔을까? 한국 직원은 청소년들이 함께 모여 식사하는 식탁으로 나를 안내했다. 좀 낯설고 어색했지만 함께 식사를 마쳤다. 그런데 그 아이들도 모두 장애가 있었고 그제야 비로소 이곳은 장애인만 모여 사는 곳이라는 것을 알게 되었다. 놀라운 것은 모두 한결같이 행복해 보였다는 것이다.

저녁식사를 마친 후 나는 12~15명이 함께 생활하는 기숙사 방으로 안내되었다. 차차 알게 되었지만 이 방의 아이들도 모두 하나같이 폭격, 지뢰 등으로 팔다리를 잃었다. 아이들이 돌아가면서 나에게 몇 가지 질문을 하고서는 방 한구석에 놓인 담요를 가리키며 거기에서 자라고 했다. 돌아오는 질문들은 낮에 이곳에 도착해서 사무실 직원에게 반복해 말한 것과 비슷한 내용이었는데, 마치 새로 온 사람의 신상을 전부 알아야 할 권리가 있는 것처럼 질문을 했다. 그러다 보니 나도 나 자신의 이야기에 친숙해졌다. 나는 이제 이 아이들과 함께 행동하며 생활하게 된 것이다.

그 방의 일원이 되기 위해서는 일종의 '통과의례'를 거쳐야만 했다. 방에서 연장자인 한 소년이 내 또래로 보이는 다리가 하나 없는 아이에게 나와 씨름을 해보라고 했다. 말이 씨름이지 한바탕 붙어보는 것이었다. 다른 고아원에 있을 때나 길거리에 살 때도 비슷한 경험을 했기 때문에 "또 시작하는구나." 하고 혼자 중얼거렸다. 나는 이미 이런 '통과의례'에 익숙했다. 닭싸움, 개싸움 비슷하게 시작했는데, 내가 잘하니까 이번에는 양팔이 없는 아이가 뛰어들어 다리 하나밖에 없는 아이를 도와주었다. 내 목을 얼마나 꽉 조이는지 곧 죽을 것만 같아서 그만 항복해리고 말았다. 모두 손뼉을 치며 우리의 싸움을 즐겼다는 신호를 보냈고 나는 그 방의

한 가족이 되었다. 나와 첫 싸움판을 벌인 아이와는 아주 오랜 세월 함께했고 지금까지도 좋은 친구로 지내고 있다.

일단 닭싸움이 끝나니 잠잘 공간이 허락되었다. 그런데 그때 생전 보지 못한 귀신처럼 흉측한 풍경이 눈에 들어왔다. 마치 사람의 팔다리처럼 생긴 형체들이 빨랫줄에 널어놓은 바지나 셔츠처럼 옷걸이에 줄줄이 걸려 있었다. 그것도 한두 개가 아닌 여러 개가! 그것은 이 방의 아이들이 낮 동안 착용하던 의수족이었다. 아이들이 잠자리에 들기 전 모두 쏙 뽑아서 옷걸이에 걸어놓은 것이다. 도대체 내가 지금 어떤 곳에 와 있는지 정확하게 알 수 없었지만, 어쨌든 그날 저녁은 아주 배부르게 먹었다.

새로운 생활

이렇게 해서 나는 '한국 수족절단자 직업재활원'에서 한국전쟁으로 팔다리에 부상을 입거나 팔다리가 절단당한 뒤 여기로 오게 된 200여 명의 장애인들과 함께 새로운 생활을 시작했다. 폭격이나 전투, 동상에 걸리거나 의료 서비스를 전혀 받을 수 없는 상황에서 각종 사고로 장애인이 된 사람들이었다. 설상가상으로 그들은 난민으로서 생존을 위한 식량, 의복, 잠잘 곳을 찾아 길거리에서 헤매야만 했다. 국가가 있기는 했지만 겨우 1945년에 해방을 맞고 미군정이 국가 업무를 대행했기 때문에 정부는 제 기능을 하지 못했다. 그런 상황에서 새로 문을 연 '한국 수족절단자 직업재활원'이 있다는 소문이 수많은 장애인들, 그 당시에는 '불구자'로 알려진 사람들에게 전해졌다. 그 시설은 길에서 나를 차에 태워준 노신사 토레이 박사Dr. R. Torrey가 설립한 것이다.

이 시설은 공동묘지였던 야산을 개간하여 건축했다. 아마도 토레이 박사는 시설을 지을 장소를 오래 물색한 모양인데 결국 비교적 비용이 저렴한 대전시의 교외에 있는 공동묘지를 선택했다. 또한 이 지역은 미국 장로교회, 감리교회, 캐나다 교단이 공동으로 세운 기독교 연합 봉사센터가 있는 곳이었다. 그래서 나는 어렸을 때부터 그들의 다양한 선교 활동, 예를 들면 한국의 젊은 농부를 훈련시키는 농업학교 등을 보면서 성장했다. 우리는 비가 오거나 폭격 등으로 무덤이 파헤쳐진 것을 보면서 자랐다. 가끔 시신의 팔다리나 해골을 보는 경우도 있었다. 젊은 아이들은 목공소의 대패질 소리를 들으며 으스스한 귀신 이야기를 펼쳤다. 비 내리는 날 밤이면 우리는 쥐 죽은 듯이 앉아 예배당에서 들려오는 오르간 소리를 들었다. 그리고 우리 모두는 그것이 귀신이 연주하는 것이라 확신했다.

편견이 주는 마음의 상처

며칠이 지난 후 내 팔을 만들기 위하여 의지義肢 보조기 공장에 가보라는 전갈을 받았다. '그렇다. 나는 이제 새 팔을 갖게 된다.' 너무 흥분한 나머지 나는 그날 밤 잠을 제대로 못 잤다. 다른 사람들이 끼고 다니는 의수를 본 적이 있기는 하지만, 대체 어떻게 생긴 의수를 갖게 될까 매우 궁금했다.

 기술자가 내 팔뚝의 절단된 부분을 세밀하게 쟀다. 이제 겨우 시작인데도 언제 새 팔이 완성될지 조급해서 견딜 수가 없었다. 나는 거의 매일 공장에 들러 생글생글 웃고 이야기도 하며 언제쯤 새 팔을 얻게 되는지 물었다. 내 팔을 제작하는 과정이 복잡하기도 했지만 일감이 많이 밀려 있었기 때문에 나는 3주 이상 기다려야 했다.

 나의 새 의수는 팔뚝에 끼울 수 있는 통과 여러 개의 가죽벨트로 어깨 위에 부착하도록 만든 형태로 나를 반겼다. 나무통 팔뚝 밑에는 토레이 박사님의 것과 비슷한 갈고리(훅)가 달려 있었다. 나중에 만화가가 캡틴훅 선장이 훅을 달게 묘사해 '캡틴훅'을 만들어 장애인에 대한 부정적인 인식을 심어주었음을 알게 되었다. 지금도 간혹 TV나 만화에서 '캡틴훅' 선장을 보면 속이 상한다. 그러나 그때 당시는 캡틴훅 선장을 몰랐고 나무통을 깎아 만든 새 의수를 아주 좋아했다.

 나는 사람들이 나를 쳐다보는 것을 싫어했었다. 학술적인 표현으로는 '시선의 폭력violence of attention'이라고 알려진 행위 말이다! 실제로 다른 아이들이 길에서 나를 쳐다보면 쫓아가서 발길질을 하며 쫓아버리던 기억이 난다. 그러나 나는 이제 양팔을 다 갖춘 새 사람이 되었고 사람들의 눈을 피해 숨길 필요가 없었다.

새 의수를 장착한 후에 약 2주 동안 물리치료사에게서 사용법에 대한 훈련을 받았다. 가끔 토레이 박사님도 들러 훈련 과정을 둘러보고 몸소 자신의 의수로 사용법을 보여주었다. 그런데 시간이 가면서 장애인에 대한 뿌리 깊은 전통적 편견 때문에 일반 사람들이 훅, 목발 등을 싫어한다는 것을 알게 되었다. '불구자'들은 동정, 혐오, 무지 또는 무관심의 대상이었다. 불구자들도 이러한 부정적인 태도에 대한 반항으로 환부를 내 보이거나 의수족을 흔들면서 금품을 요구하거나 껌이나 연필 등을 강매하기도 했다. 상당수의 '불구자'들은 보통 사람들이거나 군인들로 전쟁 중에 무차별 폭격으로 신체 일부를 절단당했는데 정부는 이들을 위해 아무것도 해주지 않았다. 그들은 최전방에 있었으며 명예제대를 한 사람들마저도 특별한 혜택을 받지 못한 채 잊혀버렸다. 전쟁으로 인한 부상과 전통적인 편견은 완전 별개의 것이었다.

나 스스로도 몸소 경험한 편견, 그리고 다른 사람들의 편견으로부터 받은 상처들은 내게 깊은 영향을 주었다. 나와 함께 시설에서 생활한 아이들은 원래 고아가 아닌데 장애 때문에 가족들에게서 버림받았음을 어렴풋이 알게 되었다. 그것은 재활시설의 성인 장애인들도 크게 다르지 않았다. 그들 모두 이곳 재활시설에 오기 전까지는 나름의 편견으로 어려움을 겪었다. 가족에게서 버림받았을 다른 장애인들을 생각하면서 이것은 남의 이야기가 아니라 나 자신의 이야기일 수도 있다는 생각을 하게 되었다. 나는 어머니가 폭격 중에 돌아가신 것이 아니고 혹시 서로 헤어진 것은 아닐까? 한동안 나를 찾아다니다가 미군에게 치료받고 고아원으로 옮겨진 사실을 알고 나와 헤어진 것에 마음놓고 슬쩍 잠적해버린 것은 아닐까? 다른 사람의 손에 맡겨도 괜찮을 거라는 생각으로 말이다. 젊은 여자 혼자서 혼란스러운 전쟁 와중에 불구가 된 아들을 사회적 편견 속에서 키워야 한다는 것이 얼마나 큰 부담이었을지 생각하면 원망 대신 용서하고 싶은 마음이다. 그렇다고 해서 마음의 상처가 없는 것은 아니다.

유엔 전문위원이 되다

나는 대학 생활을 시작하면서 '편견으로부터의 해방'이라는 학생 캠페인을 시작했다. 이 캠페인은 장애를 극복한 사람들, 예를 들면 베토벤, 헬렌 켈러 같은 사람들의 이야기를 모아서 팸플릿을 만들어 보급하는 것이었다. 영국 맨체스터 대학 석사학위 논문에서는 영국, 프랑스, 독일의 장애인 고용법을 비교 연구했다.

장애인을 대하는 일반인의 태도가 '병신' → '불구자' → '장애인'으로 변하는 데는 상당한 시일이 필요했다. 2006년 유엔에서 '장애인권리협약'을 채택함으로써 '장애인-장애가 있는 사람'으로

2010년 유엔 장애인권리위원회 후보 연설 당시 모습.

완전히 자리 잡게 되어 편견과 차별의 문제를 해결하는 데 큰 공헌을 했다. 물론 이러한 언어상의 변화는 취약 계층이나 부당한 편견의 대상이 되는 사람들에 대한 사회 전반의 태도가 변했음을 보여주는 것이다. 때로는 이러한 변화가 법이나 '유엔 장애인권리협약' 등에 의해 강화될 수도 있다.

유엔 협약에 비준한 한국 정부는 2010년 나를 유엔 장애인권리위원회 한국 대표로 추천하여 유엔의 선거에 임하도록 했다. 나는 뉴욕에서 약 한 달간 체류하면서 각국의 대사와 외교관들을 만나 본격적인 선거운동을 시작했다. 유엔 주재 한국 대표부에서는 뉴욕의 외교관을 대상으로 리셉션을 준비하여 내 선거운동을 적극적으로 지원했다. 나는 그날 저녁 UN 전문위원 후보 연설을 했다.

저는 오늘 저녁 유엔 장애인권리위원회 후보로서 여러분 앞에 서게 된 것을 큰 영광으로 생각합니다. 저는 물론 여러분께서 저의 입후보를 지지하기 위하여 이 자리에 참석해주셨다고 믿고 싶지만, 아마 그보다도 '유엔 장애인권리협약'의 전 지구적 중요성 때문에 이 자리에 와 계시다고 생각하고 싶습니다. 우선 저를 만나실 때마다 어려운 질문을 해주신 여러분께 감사 인사를 드립니다. 동시에 많은 장애 지도자 가운데 저를 후보로 택해주신 한국 정부에도 감사드립니다. 그러나 저는 또한 한국의 장애인뿐만 아니라 아직도 편견과 차별에서 벗어나지 못한 채 장애 때문에 제대로 목소리도 못 내고 취약 계층으로 남아 있는 10억의 장애인, 특히 개발도상국 8억의 장애인을 대표해달라는 요청으로 받아들이겠습니다. 한국이 개발도상국의 장애인에게 관심을 갖는 것은 우리도 과거에 편견과 빈곤을 극복하고 경제 성장을 이루어야 했기 때문입니다.

박인국 대사님의 소개말 앞부분에서 암시했듯이 저도 한국전쟁 중 팔과 가족을 잃고 살아남아 지금 이렇게 후보로 서게 되었습니다. 그런 점에서 '유엔 장애인권리협약'이 표방하는 정신과 원칙은 저의 학문적 관점이나 정치 활동이 아니라 제 삶의 목표와 연장선상에 있습니다. 적어도 세계적으로 80% 이상의 장애인들이 개발도상국에서 빈곤의 늪에서 헤어나지 못한다는 것은 그들의 인권이 정부 정책의 우선순위에서 제외되었다는 것을 의미합니다. 지금 현재 유엔은 분주하게 지금까지 성과를 달성하지 못한 '새천년 개발 계획MDGS'을 재검토하면서, '빈민 중의 빈민'인 장애인들을 포괄적으로 개발 과정에 참여시키지 못했음을 인정했습니다. 적어도 빈곤 퇴치를 목표로 한 범세계적인 노력에 장애인들은 다시 한 번 탈락하게 된 것입니다. 이 문제를 집요하게 짚고 넘어갈 자리는 아니지만, 제가 유엔 전문위원으로 피선된다면 장애인들에게 좀 더 나은 미래를 약속해주기 위해 최선을 다하겠습니다.

동시에 저는 후보로서 다음과 같은 생각을 가지고 있음을 밝혀둡니다.

우리가 '유엔 장애인권리협약'을 제정하기 위해 협상하던 당시를 돌이켜볼 때, 이 협약이 100% 완벽한 법률 문건이라고는 할 수 없지만 장애인의 권리를 인정해야 할 시점에 와 있다는 세계적인 움직임에 대해 부분적으로 대답하는 것이라고 생각합니다. 그럼에도 '유엔 장애인권리협약'은 장애인이 시민으로서 존중받는 삶을 영위할 수 있도록 하는 충분한 장치는 갖추고 있다고 믿습니다. 더 나아가서 우리는 '유엔 장애인권리협약'을 가족들이나 장애인에만 맡겨두어서는 안 됩니다. 이것은 우리 모두의 것이며 따라서 모든 시민이 이를 지지하도록 최선을 다해야 할 것입니다. 만일 우리가 행여 '유엔 장애인권리협약'이 장애인에게만 관련된 것이라고 생각한다면, 우리는 더욱 포괄적인 사회 변화를 이루어낼 기회를 상실하게 될 것입니다. 더욱 든든한 인권과 권리 문화에 뿌리를 내리도록 각국과 세계 공동체는 이 협약을 껴안아야 할 것입니다.

바로 이곳이 미국이기 때문에 오바마 대통령의 노벨 평화상 수상 연설을 상기해보는 것도 의미가 있을 것입니다. 그는 '우리 세대가 도덕적 상상력의 지평을 넓혀야 할 필요성'을 역설했습니다. 저는 그가 연설을 통해 우리 인류가 타인에 대해 낙인을 찍거나 소외시키지도 차별하지도 않는 완전 통합의 세상을 상상하도록 도전했다고 생각합니다. 아마도 이 지적은 우리도 이 협약이 채택되기 이전에는 장애인의 권리를 중심에 둔 사고나 행동을 할 수 없었음을 꼬집는 말이기도 합니다. 이것은 다른 말로 하면 우리가 과거에 그만큼 상상력이 부족했음을 말해주는 것입니다. 그래서 지금부터라도 상상력을 발휘하여 지난날의 문제를 극복할 뿐 아니라 새로운 해결책과 파트너를 만나도록 노력해야 할 것입니다. 이 협약이 우리에게 그것을 요구하고 있습니다. 국제협약으로서 이 협약은 현상 유지를 위하여 채택된 것이 아니고 당면 문제를 해결하고 진정한 변화를 이끌기 위해 만들었습니다. 이 모든 것을 이루어내기 위하여 상상력이 필요합니다.

제가 만일 당선되어 전문위원으로 위촉된다면, 저는 협약 당사국들이 이 협약의 의무조항을 수행할 수 있는 정책과 전략을 세우도록 할 것입니다. 이 협약의 실제 이행은 지금까지 외면당하거나 무시당한 사람들의 목소리를 반영하는 민주적 노력으로 이해되어야 할 것입니다.

'유엔 장애인권리협약'에 대한 제 개인적인 관점을 피력하는 것으로 결론을 맺고자 합니다. 첫째, 이 협약은 당사국의 책임을 강조하는 한편, 우리 모두의 권리이자 의무라는 것을 명심해야 할 것입니다. 이것은 당사국의 책임을 약화시키자는 것이 아니라, 이 협약이 의미하는 다각적인 책임의 본질을 강조하기 위해서입니다. 둘째, 국가의 책임이 더 심도 있게 조명받도록, 선택의정서를 반드시 인준하도록 해야 할 것입니다. 셋째, 간혹 국제협약, 선언문, 결의서 등을 서명, 비준하는 것이 마치 모든 책임을 완수하는 것처럼 생각하는 경향이 있는 반면 이들의 실제 이행을 소홀히 하는 경향이 있음을 지적합니다. 넷째, 이 협약의 비준 그 자체가 정책과 사회적 태도의 변화를 보장하거나, 그들의 신념이 자동적으로 장애인의 권리를 보장해주지는 않습니다. 다섯째, 이 협약은 눈에 보이는 장애인의 권리 침해를 예방할 수도 있지만, 우리의 일상생활 속에 숨겨진 침해를 피해갈 수도 있을 것입니다. 특히 한정된 법적 권리나 자신들을 스스로 보호할 수 있는 역량이 부족한 사람들이 그러한 숨겨진 침해의 대상이 될 것입니다. 여섯째, 사회권과 아울러 이 협약이 잘 이행되도록 제도적 뒷받침과 예산 지원을 요구할 것입니다.

계속 말씀드리는데, 이 협약은 법의 세계를 초월하여 인간 생활의 행동, 정서, 동기 등과 같은 다른 국면들을 염두에 두어야 할 것입니다. 저는 이 협약이 단순히 장애인에게만 의미가 있다는 생각을 용납하지 못합니다. 그렇게 된다면 장애인을 타자他者화해 격리하고 낙인찍을 것이며, 이 협약이 진정으로 제도화, 국제화되는 것을 방해할 것입니다.

2010년 9월 김형식

나는 이 연설문을 발표하던 해에 2011~2014년의 임기로 유엔 전문위원이 되었고, 이어서 임기가 2015~2018년까지 지속되도록 재선에도 성공했다.

어린 시절부터 장애 시설에서 장애인들과 성장한 것, 학문적 노력과 세계 경험이 내가 유엔 전문위원이 되도록 밑거름이 되어주었다.

인권은 인간 공동체의 권리

유엔을 통해 지구촌 10억 장애인의 권리에 대해 연설하면서 다시 한 번 진지하게 장애인의 인권에 대해 생각하게 되었다. 사실 처음에는 인권의 개념이 너무 추상적이어서 상당한 거리감을 느꼈다. 그러나 점차 과거와 같이 경제, 사회, 복지 차원을 넘어 인권의 각도에서 장애인의 문제를 접근하기 시작했다. 적어도 내게 인권이란 단순히 지지할 만한 아이디어나 우리에게 도덕적 책임이나 행동을 위해 힘을 주는 것이 아니라 동시에 인간을 비인간화시키는 권력이나 제도에 대항하는 우리의 관심을 분명하게 해준다는 사실을 알게 되었다. 인권은 바로 인간을 인간답게 살도록 하는 것이다. 만일에 인권이 그 힘 있는 가능성을 최대한으로 발휘하고, 인간세상을 달라지게 하려면 우리는 실제로 인권이 어떻게 이런 변화를 가능케 할 것이며, 우리의 행동에 어떻게 영향을 주며, 사회복지 활동에 어떻게 영향을 미칠 것인가 깊이 고민해야 한다. 이에 대한 대답을 호주 동료의 글에서 찾아본다.

인권은 강력한 이상理想입니다. 인권은 단순한 이론적 분석 연구, 입법과 복지서비스의 대상만은 아닙니다. 인권은 바로 인간 공동체의 비전입니다. 우리는 이 인권이라는 주제에 대하여 열정적으로 관심을 가져야 하며 더 좋은 세상을 만드는 원동력이 될 수 있습니다. 글로벌화에 반대하는 운동가들이 글로벌화가 인권에 미치는 부정적인 요소가 무엇인가를 제시하면 이에 대해서 세계인들은 모두 수긍을 합니다. 인권의 관념은 가장 힘 있는 인간의 이상입니다. 이것은 바로 창조적인 여러 것을 가능케 하며 바로 그러한 이유 때문에만이라도 인권 문제에 관심을 가져야 합니다. 인권은 인류를 통합시키고, 평화와 정의, 상호 존중에 기반한 사회를 만들게 할 수 있습니다. 실현 불가능한 꿈같이 들릴 수도 있지만, 단언하건대 전쟁과 갈등으로 상처받은 지구상에서 이러한 이상 외의 다른 이상을 추구할 수는 없는 것 아니겠습니까?[1]

유엔의 전문위원으로 일하게 된 동시에 베트남, 캄보디아, 대만, 몽골, 중국 등의 국가로부터 초청을 받아 '유엔 장애인권리협약'에 대한 강연과 세미나를 할 수 있는 기회가 열렸다. 어떤 이유에서인지 나는 한국보다는 외국에서 더 많이 활동하게 되었다. 이것을 통해 1969년 처음 런던의 플릿 스트리트에서 시작된 국제사면위원회Amnesty International의 인연이 다시 이어진 셈이다. 나는 그 당시 독재에 항거하다 투옥된 민주 인사들의 이름을 알아내 영국 사람들, 런던 정경대LSE(London School of Economics and Political Science) 학생들이 박정희 대통령에게 구명을 요청하는 우편엽서를 보내도록 했다. 당시 국제사면위원회를 통해 박정희 정권 시절에 탄압받던 인사들의 인권을 위한 노력이 장애인들의 인권을 위한 국제 활동으로 이어진 것이다.

---

1. 김형식, 여지영 공동 번역. Jim Ife, 《Huaman Rights and Social Work》, 케임브리지 대학 출판사와 동시에 한국에서 번역 출판됨. 서울: 인간과 복지, 2002.

장애인 시설에서의 유년 생활

장애인 재활시설, 보호인가 격리인가?

지금까지는 재활 '시설' 등의 개념에 특별한 의미를 부여하지 않고 사용했지만 이제부터는 사회학적 의미의 '시설'이라는 명칭을 의도적으로 사용하고자 한다. 물론 나는 '한국 수족절단자 직업재활원'이라는 공식 명칭을 사용할 수도 있었을 것이다. 여러 나라에서 '시설'이라는 명칭을 피해가려고 상당히 노력했음에도, 장애인 보호를 목적으로 운영하는 시설의 수는 줄어들지 않았다.

원래 시설은 전통적 자선사업으로 고아와 장애인을 보호하기 위하여 생겨났다. 한국은 1950년 전쟁 이후로 극심한 빈곤을 겪는 동안에 사회에서 '시설' 격리된 장애인을 대상으로 번성기를 이루었다. 이러한 흐름은 한국도 다른 나라와 크게 다르지 않다. 그리고 장애인 '재활시설'이라는 개념은 한국의 경우 1960년대부터 뿌리를 내리기 시작했다. 내가 강조하고 싶은 것은 적어도 그 당시에는 가능한 한 장애인을 편견과 차별로부터 보호하기 위하여 시설로 보내야 한다는 것이 주류의 생각이었다. 아마도 더 노골적인 의도는 '보호'라는 미명하에 눈앞에서 사라지게 하려는 것이었으리라. 오늘날에도 시설은 시설이며 과거와 크게 달라진 것이 없는 듯하다.

그러나 사실 나를 비롯한 많은 장애인에게 '시설'이란 직업기술도 배우고, 하루 세끼 먹을거리가 보장되고, 입을 옷을 주고, 밤에 다리를 뻗고 잘 수 있는 행복하고 아늑한 곳이었다. 특히 그 당시 만연한 빈곤을 생각한다면 말이다. 1950년대 중반 한국의 국민소득은 50달러 정도에 불과했다. 토레이 선교사님은 우리를 먹여 살리려고 기도도, 일도 정말 많이 하셨다. 그분은 참으로 마음이 선한 어른이었다. 그분이 우리에게 기대하는 것이 있다면 주일 예배에 참석하고, 함께 생활하고 청소하며, 취사시간에 순번대로 일하고 열심히 직업훈련에 임하는 것뿐이었다. 그러나 아직도 많은 사람이 팔자소관을 이야기하고 미신을 믿는 바람에 예배에 열심히 나가는 사람은 많지 않았다. 그러나 젊은 사람들은 열심히 찬송을 배우고 성경도 열심히 읽었다. 마을 주변 사람들 중 우리 시설에 와서 함께 예배를 드리는 사람들도 생겼다. 아이들도 부모를 따라와서 주일학교에 참여했다. 시설 밖의 사람들도 우리 장애인을

'정상인'으로 받아주었고, 장애인 중에 어떤 사람은 마을 여성과 살림을 차리기도 했다.

우리는 모두 아침 기상 시간에 산소통을 반으로 잘라 만든 종소리에 잠이 깨었다. 그리고 아침식사를 하면서 하루의 일과가 시작되었다. 매일 식사를 할 때마다 더 이상 구걸하지 않아도 되기 때문에 늘 감사하다는 생각을 했다. 음식의 질이야 어쨌든 구걸을 하거나 도둑질을 하지 않아도 하루 세 번 끼니를 채울 수 있다니! 이 시설에는 약 200명의 장애인이 있었다. 그들은 전국 방방곡곡에서 모여들었는데, 나처럼 피난민도 상당히 많았다. 그들의 장애 종류도 아주 다양했다. 그러나 장애를 입은 그들의 삶은 편견과 차별과 빈곤을 겪었고, 가족에게는 부담을 주었고, 지역 공동체에서 외면당했기 때문에 참으로 어려운 삶을 살아야 했다. 그럼에도 이 시설에라도 찾아올 수 있는 사람은 피난처를 만난 것이었다.

배움에 대한 강한 동기를 부여해준 선생님들

'시설'에서의 나의 일상생활은 몇 가지 하는 일이 정해져 있었다. 우선 아침에 일어나면 다리가 없는 친구들을 위해서 1킬로미터 정도 떨어진 논의 한가운데서 솟아나는 샘물을 길어오는 것이다. 나는 두 다리가 멀쩡하니 거의 매일, 계절에 상관없이 기꺼이 물을 길어 날랐다. 눈이 무릎까지 쌓이는 겨울 아침은 아주 힘이

들었다. 다행히 비가 오는 날은 빗물을 받으면 되니까 물을 긷지 않아도 되었다. 어차피 한 손으로 우산을 받쳐 들고 물을 긷기가 어려웠을 테니 다행이었다.

그다음으로 중요한 일과는 공부를 하는 것이었다. 누군가가 시설에서 어린 원생들에게는 공부를 시켜야 한다고 제안했는지 한글도 배우고 노래도 배웠다. 시설의 원생 중에는 우리에게 선생님이 될 만한 사람들이 있었다. 우리는 한·영 대역으로 된 기드온 성경을 가지고 한글을 배웠고 한자도 외웠다. 우리가 배운 노래는 〈켄터키 홈〉, 〈아 목동아〉, 〈올드 블랙 조〉, 〈언덕 위의 집〉 같은 노래들이다.

특히 선생님 중 두 분이 생생하게 기억에 남는다. 한 분은 성정순 선생님인데, 하루에 한자를 열 개씩 외우도록 했고 국어를 가르쳤다. 다른 한 분은 키가 훤칠하고 잘생긴 오용준 선생님인데, 왼손으로 오르간을 치면서 우리에게 음악을 지도했다. 나는 나중에 성장해서 이분들을 찾아뵙고 고맙다는 인사를 하고 싶었다. 우여곡절 끝에 성정순 선생님을 서울에서 한번 뵈었다. 좋은 선생님이었듯이 아주 위엄을 갖춘 노인이 되어 있었다. 오용준 선생님은 내가 서울에서 대학에 재직할 때부터 수소문하여 그분이 75세 되던 해에 만났다. 역시 이분은 기대한 대로 한 팔로도 컴퓨터 전문가가 되어 중견 기업의 고문으로 있었다. 내가 찾아준 것을 매우 고마워했고, 나도 유명 대학의 교수가 되어 있다니 아주 기뻐해해주었다. 그분을 초대해 저녁을 함께 했다. 특히 이분을 기억하는 이유는 이분도 나처럼 북한 피난민이기 때문이다. 이 두 분은 어린 나에게 배움에 대한 강한 동기를 부여해주었다.

우리 학습반은 가끔 명사들을 초청해 강의를 듣기도 했다. 그런 분 중 정간모 선생님은 기가 막힌 테너로 노래를 불러주셨고 피아노 솜씨도 일품이었다. 그분은 기차 사고로 다리를 잃었으나 손수 의족을 만들어 반듯하게 걸어다녔는데 어느 누구도 그가 다리 절단자라고는 상상도 못할 정도였다고 한다. 또한 그의 의수족 제작 기술은 아주 탁월해서 토레이 선교사님은 일 년 동안 그를 카메룬의 장로교 선교단에 파송한 적도 있다. 일 년 후 귀국해서 그가 여행 중에 찍어 모은 수많은 슬라이드를 보여주며 설명한 것들이 지금도 기억난다. 커다란 나무 사진이 있던 샌프란시스코의 뮤어 우드Muir Wood, 금문교, 뉴욕의 5번가와 센트럴 파크, 아프리카의 여러 나라들이었다. 그가 들려준 이야기들은 마치 꿈같아서 나도 이다음에 그런 곳을 방문해보리라는 꿈을 갖게 했다.

1969년 영국으로 향하던 중 도쿄 공항에 내렸을 때, 나도 정간모 선생처럼 슬라이드를 많이 찍어 주일학교 어린이들에게 보여주고 싶다는 생각으로 거금 27달러를 주고 올림퍼스 카메라를 하나 샀다. 한국의 국민소득은 200달러 정도였고 해외여행객은 최고 100달러까지만 소지하도록 되어 있었다. 그때 당시 70달러가 내 수중에 있는 총 재산인데 그렇게 큰돈을 주고 카메라를 산 것이다. 어느 겨울 날 세븐오크스 근처의 숲속에서 사진을 찍겠다고 눈 속에 주저앉아 있던 기억이 새롭다. 내가 특히 정간모 선생님을 기억하는 데에는 특별한 이유가 하나 더 있다. 바로 이분이 내가 한 손에 성경을 들고 있는 모습을 사진 찍어 영국의 옥스팜으로 보냈으며 이 사진으로 영국의 가족과 인연을 맺게 되었기 때문이다. 아마도 그분이 슬라이드 쇼를 할 때마다 내가 대단한 관심을 쏟은 것이 그의 눈을 끌었나 보다.

나는 국어를 잘했고 한문 외우는 것도 잘했는데, 산수는 어려워했다. 그런데 하루는 킹스베리 선교사님이 우리 반에 와서 우리가 공부하는 이야기를 조심스럽게 들었다. 내가 산수 공부가 어렵다고 말했더니 자기가 직접 곱셈, 나눗셈을 지도해주겠다고 나섰다. 의지 보조기 기술자로 내 의수를 제작한 분이기 때문에 나는 이분을 잘 알고 있었다.

그는 원래 프린스턴 대학에서 한국에 농업 선교사로 나오려고 준비하고 있었는데, 토레이 선교사님이 의지 보조기 기술을 배우도록 추천했고 1952년에 한국으로 오게 되었다. 원래 한국어에 능통하기 때문에 학습 지도에는 전혀 문제가 없었다. 나는 또한 우리 시설 근처에 있는 그분 사택에 달걀과 우유를 배달했기 때문에 스스럼이 없었다. 그런데 이분은 약간 '구두쇠'이고 상당히 엄한 분이라는 소문이 있었다. 언젠가는 퇴근을 했다가 의지 보조기 공장에 두고 온 몽당연필을 찾으러 시설에 다시 들른 적도 있다고 한다. 다소 냉정하고 과묵한 사람 같지만 나에게는 내 장래까지 생각해주는 고마운 분이었다.

오랜 세월이 흐른 뒤, 2007년경에 토레이 선교사님의 장남이신 대천덕 신부님이 세운 강원도 황지의 예수원Jesus Abbey에 아내와 함께 들렀다. 우리가 예수원으로 들어서서 조금 올라서니 누군가가 벼랑 끝 꼭대기에 지은 아름다운 집 한 채를 가리키면서 '킹스베리' 선교사님이 직접 지은 집이라고 했다. '킹스베리? 내가 아는 분인데…….' 여기에 와서 그분의 소식을 들으니 반가웠다. 토레이 선교사님이 한국을 떠날 무렵, 그분과 함께 황지에서 사역하신 듯했다. 나에게는 참으로 귀한 분들이시다.

재활시설의 사계절

우리 시설의 학교에서는 일단 수업이 끝나면 오후에는 각자 정해진 직업훈련장으로 가서 양복, 죽세품 가공, 시계 수리, 목공, 철물, 미용, 영농, 의지 보조기 제작 등 기술을 배웠다. 나는 나이가 어리니까 동물사육장에서 일하며 근처의 선교사 사택에 우유를 배달하도록 배정받았다. 그런데 이것은 시간을 때우기 위한 소일거리가 아니고 내 장래의 직업과 관련을 갖도록 되어 있었다. 살아간다는 일은 장애인에게는 매우 어렵고 교육을 받을 만한 기회도 많지 않으니 직업기술을 확실하게 습득해야 된다는 말을 귀가 따갑게 들었다. 그래서 나도 직업기술을 습득해야만 했다.

각 작업장에서 일하는 원생들은 하루에 여덟 시간씩 진지하게 기술을 익혔다. 우리가 관할하는 농장에서는 돼지도 사육했는데 특히 '요크셔'라는 우수 품종이 있어서 많은 농부들이 암퇘지를 데려와서 교미를 하도록 했다. 우리는 이것을 '교미 서비스'라고 불렀다. 한창 교미 서비스가 진행될 때면 온 마을에서 구경꾼들이 몰려드는 재미도 있었다.

나는 특히 닭장에서 계란을 챙기고 토끼들에게 풀 먹이는 것을 좋아했다. 다른 아이들과 함께 논가에 나가 사료용으로 개구리 수백 마리를 잡던 것을 생각하면 조금 부끄럽기도 하다. 우리는 잡아온 개구리를 삶아서 햇볕에 말린 후 가루가 되도록 빻아서 다른 사료와 섞어 닭 모이를 만들어 먹였다. 지금은 농약을 하도 많이 쓰기 때문에 옛날처럼 개구리가 없다고 하는데, 개구리의 소중한 생명을 위해서는 나름대로 다행이라면 다행이다.

또 어떤 때는 팀을 만들어 하루에 흙벽돌 200장을 만드는 것이 과제로 떨어지기도 한다. 흙을 파서 썰어놓은 볏짚과 함께 반죽을 만들어 나무틀에 붓는데, 이 벽돌들은 우리의 기숙사 벽을 만드는 데 사용되었다. 때로는 길고 높은 나무틀에 붓고 하루 종일 쇠방망이로 다지고 다져서 집의 형체를 만들기도 했다. 장애인들이 힘을 모아 집을 짓겠다며 함께 일하던 것을 생각하면 지금도 감개무량하다. 그들에게 하나님의 축복이 있기를!

눈이 쌓이는 겨울에는 장애 소년들이 함께 뭉쳐서 토끼몰이를 했는데, 그날의 훌륭한 요리가 되었다. 또 어떤 때는 꽁꽁 얼어붙은 연못에서 물고기를 잡기도 했다. 토끼를 잡아 요리하던 이야기를 내 아이들에게 했다가 크게 비난받은 적이 있다. 일단 토끼를 잡으면 자전거펌프로 토끼 배에 바람을 가득 채운 뒤 날카로운 칼을 대기만 하면 가죽이 쫙 벗겨진다. 그다음에 곧장 요리를 한다. 아이들은 이 이야기를 듣고 너무 잔인하다고 했다. 우리 시설의 장애인들은 전국 각지에서 모여들었기 때문에 각 지방의 특색대로 놀이나 여가를 즐기는 재주가 다양했다. 아마도 토끼 가죽을 벗기는 것도 그러한 예 중 하나일 것이다. 겨울의 고기잡이, 눈 속의 꿩 잡기, 개구리와 뱀을 잡는 것들은 모두 그들이 고향에서 살아온 삶의 양식을 잘 설명해준다.

우리 시설은 서울과 부산을 잇는 경부선의 중간에 있었다. 우리는 지나가는 기차에 손을 흔드는 등 철로 변에서 많이 놀았다. 어떤 아이들은 철로 위에 못을 놓아 납작하게 스크루 드라이버처럼 만들어 그것으로 메주콩에 구멍을 파낸 뒤 거기에 '시아나이드cyanide' 가루를 채워 촛농으로 밀봉을 한다. 도대체 시아나이드 가루 같은 극약을 어디서 구해왔을까! 그렇게 준비한 극약이 든 메주콩을 꿩들이 먹이를 찾아 올 만한 양지에 살짝 뿌려두었다가 해가 질 무렵까지 기다린다. 해가 넘어갈 무렵 극약을 먹고 쓰러진 꿩을 찾아오는 것이 우리가 할 일이다. 운이 좋을 때는 두세 마리를 잡기도 했다. 극약이 온몸에 퍼지기 전에 요리를 해야 하기 때문에 우리는 급히 서둘러서 삶고 털을 뽑는 작업을 해야 한다.

겨울이 오면 우리는 가끔 물고기 잡이를 나갔다. 냇가로 가는 대신 농부들이 돌아오는 봄에 농사를 지으려고 물을 모아놓는 논가의 연못으로 가서 그 물들을 다 퍼내고 고기를 잡는다. 관개시설이 좋지 않기 때문에 농부들이 아주 귀하게 모아놓은 물이다. 우리는 그런 생각은 하지도 않고 농부들이 모아둔 물을 바닥이 보이도록 모두 퍼냈다. 무료하고 추운 겨울날을 보내기도 하고 영양보충을 위해서 못할 일이 없었다. 일단 물을 다 퍼내면 바닥을 삽으로 뒤집어 겨울잠을 자고 있는 붕어며 미꾸라지를 잡았는데, 여름철의 뱀 못지않게 영양가가 풍부했다. 그러나 농사지을 물을 다 잃어버린 농부들에게는 지금도 미안한 마음이 남아 있다.

겨울이 오면 우리가 해야 할 일은 채소를 기르는 일에서 겨울나기 김장 준비로 바뀐다. 또는 땔감을 준비하기 위한 나무를 해 오는 일인데, 대개는 근처의 생생한 아카시아 같은 큰 나무들을 잘라서 땔감으로 사용했다. 생생한 나무들이 바짝 마른 나무들처럼 잘 탈 리가 없다.

하루는 내가 친구와 함께 나무를 해 와 온 방을 덥혀야 하는 당번이었다. 그런데 그날은 아주 기발한 생각을 해냈다. 젖은 나뭇가지들을 작은 불씨 주변에 쌓아놓고 그 위에 휘발유를 뿌리면 불이 확 붙을 거라는 생각이었다. 그래서 나는 휘발유를 뿌릴 테니 친구에게 뚜껑으로 빨리 덮으라고 했다. 그런 다음 나는 작은 불씨 위에 휘발유를 확 부었고, 친구는 재빠르게 아궁이 뚜껑을 덮었다. 적어도 우리는 계획한 대로 불이 잘 붙었을 거라고 생각했다. 여하튼 모든 일이 순식간에 진행되었는데, 내 친구의 얼굴이며 온몸이 온통 새카만 재로 덮여 있었다. 도대체 어떻게 된 일인지 생각할 겨를도 없는데, 무슨 일이 생겼나 하고 궁금해하면서 여기저기서 사람들이 모여들었다. 내가 휘발유를 뿌리고 친구가 뚜껑을 덮는 순간 연기가 좁은 굴뚝에 걸려 무거운 구들장이 큰 소리를 내며 폭파해버린 것이다. 자칫 하면 기숙사 전체를 날려버릴 뻔했다. 우리는 벌로 무너진 구들장을 다시 놓으라는 지시를 받았는데, 결국 여러 사람의 도움으로 며칠이 걸려서야 고쳐놓을 수 있었다.

내가 이런 이야기를 하는 이유는 함께 시설에서 자란 아이들은 적어도 생존에 관해서는 아주 기발했으며, 계절의 변화가 얼마나 큰 축복이었는지 나누고 싶기 때문이다. 나무숲에 둘러싸여 피고 지는 꽃들과 신록의 여름, 가을 숲속의 아름다운 색채와 눈 쌓인 겨울 등 계절의 변화는 나를 풍요롭게 했다. 시설은 환경이 열악했지만, 적어도 그 안에선 세상의 근심 걱정에 짓눌리지 않고 생활했다. 우리가, 혹은 내가 세상물정을 모르기 때문에 행복해할 수 있었을까? 그렇지 않다. 분명한 것은 우리는 모든 역경을 견뎌낼 수 있는 강인함을 지니고 있었다는 것이다.

토레이 박사님의 주일 아침 상

'시설' 생활에는 잊지 못할 이야깃거리가 많다. 아마도 그중 하나는 주일 아침식사와 토레이 선교사님일 것이다. 나는 지금까지도 그것을 '토레이 박사님의 주일 아침 상'으로 상징되는, 우리를 향한 그분의 지극한 사랑으로 기억하고 고맙게 생각한다. 또한 그분은 나이가 어린 우리에게 의지 보조기를 장착해준 다음, 직업기술의 중요함을 늘 일깨워주셨다. 그러니 내 일생에서 토레이 선교사님을 잊을 수 없는 분으로 기억하는 것은 너무 당연하다. 그분이 우리를 위해 해준 것이 너무나 많지만, 다른 무엇보다도 주일 아침에는 흰 쌀밥 한 그릇에 쇠고기를 듬뿍 넣은 미역국을 주신 것을 잊지 못한다. 그 당시 남한의 절반은 거의 기아 상태에서 허덕였지만 적어도 주일 아침식사는 쌀밥에 쇠고기 미역국을 먹을 수 있었다. 토레이 선교사님에게 주일은 '주님의 날'인 만큼 제대로 먹게 해주어야 한다고 생각하신 모양이다. 설사 다른 날은 수제비 한 그릇에 노란 옥수수 가루를 먹는다 하더라도 말이다. 조금 운이 좋은 날에는 보리밥에 감자나 고구마를 곁들여 먹을 수도 있었다. 적어도 내게는 '쌀밥에 쇠고기 미역국'은 선교사로서 토레이 박사님의 진정한 마음을 잘 대표해주었다는 생각이 든다. 토레이 선교사님이 일하시는 모습을 생생하게 보며 성장한 나에게는 큰 감명이었다.

아마도 이러한 영향을 받았기 때문인지 나는 2000년 한국에 돌아와 그분에게 감사하는 마음으로 베트남에서 장애인을 대상으로 하는 국제 NGO 사업을 시작했다. 아마도 내가 제일 잘할 수 있는 분야의 일인지도 모른다. 나는 가끔 기회가 있을 때마다 기독교인들 앞에서 어떻게 토레이 선교사님이 내 인생을 바꾸어놓았지 간증했다. 기독교인들은 가끔 '성령이 그들에게 임했다.(touched by Holy Spirit)'고 간증하는데 "나는 이렇게 토레이 박사라는 한 선교사에게 영감을 받았다.(I was touched by a missionary.)"고 간증하곤 했다. 나는 가끔 NGO 사역으로 개발도상국에 나가는 젊은이들에게 "이제부터 여러분이 하는 일을 통해서 여러분이 만나고 손을 대는 사람의 인생은 변할 것입니다."라고 말해주었다.

음악 속의 생활

앞에서 잠깐 언급했는데 우리는 매일 아침 반쪽짜리 산소통 종소리에 기상을 했다. 그런데 어느 날 갑자기 이 쇠 종소리가 한 번도 들어본 적이 없는 아름다운 음악 소리로 바뀌었다. 도대체 이 음악은 어디서 나오는 것일까? 하며 의아해했다. 토레이 선교사님이 얼마 전 공지사항을 쉽게 알릴 수 있도록 각 숙소에 스피커 장치를 달도록 했다. 그러고는 자신이 소장하고 있던 모든 음반을 시설에 기증해 우리 모두가 그 음악을 들을 수 있도록 해주신 것이다. 확신하건대 우리 시설에 모여 살던 장애인들은 찬송가는 좀 알아도 이런 고전음악은 알 리도 들어본 적도 없을 것이다.

어쨌든 우리는 처음 접하는 고전음악을 들으며 매일 6시에 아침잠에서 깨었다. 이렇게 시작된 음악은 누가 듣건 말건 거의 하루 종일 쉬지 않고 계속되었다. 도대체 몇 사람이나 나중에 고전음악을 좋아하게 되었는지는 알 수가 없다. 어차피 극소수겠지만! 아마도 이 서양 음악을 왜 이렇게 시도 때도 없이 틀어놓나 하고 콧방귀를 끼며 불평하는 사람도 있을지 모른다.

그런데 음악 방송을 주관하던 한국 선생님은 아주 슬기로운 분이어서 각 음악의 제목과 작곡가 등 그 음악에 관련된 숨은 이야기들을 모아서 짤막하게 설명해주었다. 그 덕택에 나는 차츰 음악에 담긴 이야기들을 좋아하게 되었고 시간이 좀 흐른 후에는 아예 그 음악들을 거의 다 외우게 되었다. 누군가가 얘기한 대로 "음악은 마치 하나님의 호흡 소리와 같다."

시간이 흐름에 따라 음악은 이제 내 생활이 되었고, 먼저 알게 된 음악에 베토벤, 차이콥스키, 바흐, 멘델스존, 모차르트, 드보르자크, 슈베르트, 시벨리우스, 비발디 등을 연결시키게 되었다. 그 이후로 음악은 내 생활의 중요한 일부가 되어서 내게 큰 기쁨을 주는 근원이 되었고 때로는 삶의 어려운 시기를 지날 때 위로와 치료 역할도 했다.

어린 시절 나는 고생도 많았고 기억하는 한 거의 혼자였다. 그러나 그나마 내게 음악은 축복이었다. 많은 사람이 전축을 소유하기 어려웠던 시절에 어릴 때부터 풍부한 고전음악과 함께 자랄 수 있었음은 큰 특권을 누린 것이나 다름없다. 때로는 배고픔을 참으며 푸른 하늘을 올려다보며 외로움을 달래가며 풀숲에 누워 있을 때도 내 곁의 음악이 내 빈 배를 채워주었다. 그러나 다시 생각해 보면 나는 외로운 것이 아니고 고독을 즐긴 것 같다. 그때 나는 라디오가 없었는데 시설에서 시계 수리를 배우던 친구가 광석을 작동시켜 이어폰으로 들을 수 있는 작은 라디오를 하나 만들어주었다. 나는 라디오도 아닌 이 라디오로 주로 고전음악을 많이 내보내던 기독교 방송 HLKY에 접속해 음악을 들었는데, 골동품 같은 이 '발명품'은 그 쓰임새가 대단해서 밤낮으로 항상 음악을 들을 수 있었다.

꿈을 키운 독서실

토레이 선교사님은 귀중한 음반뿐 아니라 가지고 있던 책들을 기증해주셨다. 거의 모든 책이 영어로 된 것인데 흥미 있는 사진들도 많았다. 나중에는 한글 도서도 늘어났다. 내가 이런 책들을 읽었다기보다는 이 책들을 장난감처럼 가지고 놀면서 몇 시간씩을 보냈는데, 그러면서 나도 영어를 배워두면 좋겠다는 생각이 들었다. 영한 대역 성경을 가지고 국어 공부를 했기 때문에 영어가 그렇게 생소하지는 않았다. 나는 토레이 선교사님을 만나면 사용해볼 수 있는 영어 표현들을 암기하기 시작했다.

나는 이 글을 2016년에 쓰고 있는데, 한국 사회에서는 아직도 영어에 대한 열망이 높아만 갈 뿐이고 식을 줄을 모른다. 1945년 독립한 후 1948년까지 미군정에서 한국을 통치하다가 1950년에 전쟁이 일어났다. 영어가 어느 정도 되는 사람들이 권력과 미군에 용이하게 접근할 수 있었다는 것은 조금도 과장된 이야기가 아니다. 사람들이 그때 정치인들과 미군정의 가교 역할을 하며 '정책을 통역'하는 것을 풍자해서 '통역관의 정치'라고 말하던 것을 지금도 기억한다. 모든 사람이 가난으로 고생할 때 잘나가던 통역관들이 누리던 권력을 한번 상상해보라! 그들이 잘살 수 있는 이유는 풍부한 군수품에 접근할 수 있으므로 암시장을 운영해 치부했기 때문이다.

사실 한국인 중 다수가 언어 장벽 때문에 '헬로' 소리 한마디 못하고 외국 사람들만 보면 피해 다니곤 한다. 그런데 나는 폭격을 맞았을 때 미군의 도움으로 살아났고, 고아원을 방문한 그들이 영어로 말하는 것을 자주 들었기 때문에 최소한 내게는 외국인 공포증은 없었다. 그러다 나중에 토레이 선교사님을 길에서 만나게 되었고, 많은 외국인이 우리 시설을 방문하는 것을 보면서 성장했다. 그래서인지 어렸을 때부터 외국어에 대한 관심은 내게는 지극히 자연스러운 것이었다. 그러나 토레이 선교사님과 대화를 해볼 기회는 거의 오지 않았는데, 나와는 거리가 멀었고 항상 한국인 통역관들과 직원들이 그를 둘러싸고 있었기 때문이다. 그래서 나는 선교사들은 항상 높은 자리에 있으며 도저히 가까이 갈 수 없다고 생각했다. 크리스마스가 되면 선교사님이 직접 축복기도와 함께 선물을 나누어주어 겨우 가까이 갈 수 있었다.

나는 계속해서 독서실의 영어 책들과 놀면서 영어에 대한 취미를 키워나갔다. 나는 장애인 시설에서 성장했기 때문에 최소한 하루 세끼 걱정은 하지 않아도 되었고, 구호물자 헌옷도 충분히 배급되었고, 좋은 음악과 읽을 책들이 항상 곁에 있었다. 그런데 내가 처음 암기한 영어 단어는 재활rehabilitation이라는 어려운 단어였다. 실로 이 어휘는 내 삶의 방식과 생각의 틀이 되어 나의 성장기에 큰 영향을 주었다.

하루는 독서실에서 책을 뒤적이던 중, 유명한 영화감독 엘리아 카잔의 단편집 《아메리카, 아메리카》 한글 번역본을 읽게 되었다. 이 이야기는 그리스의 한 젊은이가 무진 애를 쓰며 미국에 가려고 하는 간절함을 그린 것이다. 나는 왜 그가 기를 쓰고 미국에 가려 했는지는 모르지만 그의 절박함만은 기억에 남는다.

미국에 대한 그의 열망이 하도 간절해서 나도 미국을 향한 그의 꿈을 동일시하게 되었다. 그러다 갑자기 나 역시 미국에 갈 꿈을 키

미국에 갈 꿈을 키워준 《아메리카, 아메리카》의 저자 엘리아 카잔 감독.

우면 되겠다는 생각이 들었다. 확실히는 모르지만 다른 한국 아이들보다는 미국 사람들을 많이 만나서일까? 아니면 나도 성경의 요셉처럼 꿈꾸기를 좋아해서일까? 어쨌든 그 단편소설에서 읽은 젊은 청년의 억제할 수 없는 꿈꾸기가 나를 똑같은 꿈쟁이로 만들어버렸다. 그 당시만 해도 한국 사람이 미국에 간다는 것은 그리 흔한 일이 아니었고, 특히 소수의 부유층, 권력층을 제외하고는 가난한 사람들은 엄두도 못 낼 일이었다. 우리 시설에는 외국의 귀빈들이 가끔 들러서 강연을 했기 때문에 미국을 향한 나의 꿈은 더욱 강렬해졌다. 이러한 기회란 다른 한국 사람들이 도저히 생각할 수 없는 것이었다.

《아메리카, 아메리카》는 내가 대학에 들어간 후 더 강렬한 꿈이자 집착으로 변했는데, 그 당시 대학생들 중에는 미국 유학을 꿈꾸며 열심히 공부하는 학생들이 있었다. 나는 그때 희미하게나마 나중에 학자나 교수, 저술가가 되겠다는 포부를 갖게 되었으며 그러려면 외국 유학을 가서 대학원 공부도 해야 한다고 생각했다.

일단 미국의 장학금을 받아 한국을 떠날 수 있다면 영국으로 건너가 영국 부모님을 만날 수 있을 거라는 가능성도 생각했다. 나는 그 가능성에 사기충천하여 더욱 열심히 영어 공부를 했고 토플TOEFL시험에 합격하기 위하여 하루에 영어단어 100개를 6개월 동안 암기하기도 했다. 대학 4학년 때는 풀브라이트Fulbright 장학금을 받기 위해 세 가지 시험에 응시했고 마지막이 토플이었다. 토플시험 방식이 1968년 이후로 많이 개선되었는데, 그 당시에는 커다란 대학 강의실에서 형편없는 휴대용 전축으로 틀어놓은 내용을 들으며 독해력 시험을 치렀다! 어려운 시험 과정이 지나고 나는 미국 장학금 시험에 합격했다는 통지를 받았다. 마치 하늘의 별을 따낸 것처럼 기뻤고 정말로 나 자신이 자랑스러웠다.

나는 하와이 대학교에 입학신청서를 냈고 한국의 구조적인 빈곤과 실업, 극심한 빈부 차를 극복하기 위하여 복지국가를 지향하며 사회정책을 공부하고 싶다는 포부를 밝혔다. 그 당시 강조하던, 가난한 사람들을 대상으로 심리 기법에 의존하는 개인 상담 중심의 케이스워크casework(정신적·육체적·사회적으로 부적응 상태인 개인이나 가정을 상대로 문제를 해결해주거나 지도해주는 사회사업 방법론 중 하나로, 대상자와 환경의 관계를 조사·진단한 후 당사자의 자주성을 해치지 않는 범위 내에서 간접적으로 원조를 행한다)는 한국 사회에 한계가 있다고 썼다. 몇 주가 지난 후 미국 대학에서 연락이 왔는데, 그곳에는 사회정책 과정이 개설되지 않았으므로 나에게 입학 허가를 내줄 수 없다고 했다. 그 회신은 수년 동안 품고 노력해온 나의 '아메리칸 드림'을 한순간에 산산이 깨트려놓고 말았다. 그 어려운 풀브라이트 시험을 통과했는데도 말이다. 그때 느낀 절망감이란 이루 말할 수 없었다. 그런데 참 산다는 것은 신비와 예측 불가능성과 모순으로 가득 차 있는 듯하다. 내 꿈이 깨어져버려서 크게 실망하고 있는데, 로마서 8장의 "주를 믿는 자에게는 모든 것이 합하여 선을 이룬다."는 말씀이 영국에서 일어나고 있었다. 영국 부모님에게서 편지가 왔는데, 영국에 와서 함께 살면서 공부하라는 내용이었다. 나의 '아메리칸 드림'은 영국으로 방향을 바꾸게 되었다.

펜팔 친구

하루는 영어책들을 가지고 노는데 우연히 '캐런 웨스트버그, 아이다호 주 모스코 Karen Westberg, Moscow, Idaho'라는 이름과 주소를 보게 되었다. 나는 얼른 그 주소를 적어놓고 영어로 아주 짧은 편지를 썼다.(기드온 한영 대역 성경에서 좋은 문장만을 옮겨 적었다는 것이 더 정확하다!) 그렇게 하지 않고서야 어떻게 좋은 책들을 보내주어 고맙다는 인사를 할 수 있었겠는가? 그러고 난 후 나는 미국으로 보낸 그 편지에 대해서 까맣게 잊고 있었는데 어느 날 커다란 소포와 함께 편지를 받았다. 그 소포에는 그림책 몇 권과 카먼

드래건Carmen Dragon[2]이 지휘하는 〈사랑의 꿈Liebestraum〉 LP가 한 장 들어 있었다. 나는 카먼 드래건이라는 지휘자에 대해서 들어본 적이 없지만 그 음악이 너무 좋았고 그 LP는 내가 세상에서 처음 소유한 음반이 되었다.

이렇게 우리는 아주 오랫동안 펜팔 친구가 되어 편지를 교환했고, 내가 영국 켄트 주 세븐오크스에 살 때 영국을 방문한 그녀를 집으로 초대했다. 여러 해 동안 편지 왕래를 통해서 알게 된 캐런을 직접 만나게 되는 것은 아주 특별한 경험이었다. 어렸을 때부터, 영어가 아주 서툴고 가난한 나를 친구로 삼아 별별 이야기를 편지로 나눈 캐런은 참으로 마음이 착한 사람이라고 생각했다. 그런데 막상 대화를 해보니 다소 수줍어해서 즐거운 대화는 좀처럼 어려웠다. 때로는 얼굴을 대하고 만나는 것보다 상상한 대로 그 사람을 마음속에 간직해두는 것이 훨씬 더 나을 수도 있다는 생각을 했다. 그녀가 모르몬교도와 결혼했다는 소식을 들은 것을 마지막으로 그 이후 소식이 끊겼다. 나는 아이다호 주 모스코 시 우체국장에게 편지를 써볼까 하는 생각도 했다. 세월이 흐르는 동안

---

2. 이 책을 쓰면서 호기심에 구글 검색으로 카먼 드래건에 대해서 알아보았다. 그는 1914년 7월 28일에 태어나서 1984년 3월에 세상을 떠났는데, 미국의 지휘자이자 작곡가, 편곡자로서 라디오와 영화, TV에서 활동했다. 또한 캐피탈 레코드사와 대중적이고 가벼운 고전음악 앨범을 냈고, 1950년대에는 Hollywood Bowl Orchestra, EMI와 음반제작 작업을 했으며, American Forces Network를 통해 1980년대까지 왕성하게 활동했다.

우리 삶의 길에는 여러 가지 변화가 있었고 결국 연락이 완전히 두절되었다. 그럼에도 사람을 그리워하는 내 갈급함에 관대함으로 응답해준 고마운 사람으로 늘 기억하게 된다. 오랜 세월이 흐른 후 나는 유엔의 업무로 제네바를 자주 방문하게 되었는데, 단골 호텔에서 아르바이트를 하는 모스코 출신 여학생을 만나게 되었다. 다시 한 번 캐런의 거처를 확인해보는 가능성을 이야기하다가 흐지부지되고 말았다.

나이가 어리고 순진하기 때문에 때로는 어른들을 힘들게 할 시설 생활에서도 나는 세상의 근심 걱정을 피할 수가 있었다. 고아라는 이유 때문에 타인에게 동정받는 대상이 될 수도 있고, 고아들은 간혹 비행 소년이 되기 십상이라는 눈총을 받기도 했다. 다른 장애인들처럼 편견과 차별이 늘 따라다녔다. 그런 점에서 본다면 나는 장애와 고아라는 이중핸디캡이 있었다. 그럼에도 나의 어린 시절은 풍족했고, 여러 모험을 즐기는 재미가 가득했다. 그 비결은 무엇일까?

아마도 나는 나의 자유로움을 즐길 줄 알았다. 내 주변에는 나에게 이래라저래라 잔소리를 할 사람이 없었다. 그래서 나 혼자 숲속을 거닐며 내 세계를 만들 수 있었다. 우리 시설은 숲속에 있었기 때문에 계절이 바뀌는 아름다움과 온갖 꽃을 볼 수 있으며 가을이 오면 밤을 따먹는 재미, 겨울이 오면 토끼몰이를 하는 즐거움도 컸다. 짙은 숲의 향기가 밴 신선하고 깨끗한 공기를 호흡하는 것은 그 자체가 엄청난 축복이었다. 나는 숲속의 향기가 좋았고 평화로움이 늘 가까이 있었다. 이 숲이 주는 평안을 직접 경험하지 못한 사람은 무슨 이야기인지 잘 모를 것이다.

나만의 비밀

장애 시설에서의 유년생활은 즐거운 일, 기쁜 일, 슬픈 일, 감사할 것이 많았다. 그런데 나만이 알고 있는 참으로 부끄러운 비밀도 있다. 두 가지 사건이 떠오른다. 아마도 어렸을 때 나는 상당히 영악했나 보다. 어떻게 그런 생각을 했을까 싶다. 그 영악함이 나쁘게 사용된 경우다.

직원 숙소 동으로 몰래 숨어들어 믿음이 깊으신 한 집사님의 오른쪽 양복 윗주머니에 손을 넣으면 주일 헌금으로 넣어두신 지폐 한 장이 반드시 손에 잡혀 나왔다. 한두 번도 아니고 여러 차례 반복해도 똑같이 지폐 한 장이 따라 나왔다. 현장에서 붙잡힌 적은 없지만, 언젠가부터 죄책감에 더 이상 계속할 수 없었고, 꼬리가 길어지면 밟힐 것도 같았다. '다른 어떤 분들보다도 나를 아껴주고 사랑해주신 분인데……' 하는 죄책감이 나를 괴롭혔다. 그분은 원래 경찰로 공비를 토벌하다 총상으로 오른팔을 잃으셨는데, 토레이 선교사님과 함께 시설 내의 확성기 음악 시설을 만드셨고, 한 손으로 풍금을 치면서 주일 학교를 이끄셨다. 어릴 때 생각해도 그분은 참 다재다능한 분이었다. 나중에 장로교 신학대를 졸업하신 후 목사가 되셨다. 호주에서 잠시 한국에 들렀을 때 수소문을 해서 대전 근교에서 맹인 목회를 하시는 그분을 찾아뵙고 금일봉을 드리고 왔다. 차마 어린 시절에 그분의 양복 주머니에서 헌금을 훔친 사람이 나라고 고백할 수가 없었다.

또 하나의 고백은 토레이 선교사님의 비서가 가끔 업무상 우리 시설에 와서 머무는 경우가 있는데, 그분의 양복 안주머니에서 파커 만년필을 훔친 것이다. 내가 생각해도 참 끔찍하지만 재주도 좋았다. 그런데 야단이 났다. 토레이 선교사님과 버금가는 높은 위치에 있는 분이어서 도난당한 만년필을 찾아내라는 호통이 온 시설 내에 내려왔다. 나도 만년필과 같은 좋은 필기도구를 평생 소중히 간직하는데, 아마 그분도 그랬나 보다. 눈 딱 감고 가만히 있으면 아무 탈이 없겠지만, 온 직원이 책임을 져야 하는 아주 심각한 상황이 되었다. 한참을 생각하다가 나는 부원장 격인 나이 많으신 직원을 찾아가 잘못을 고백하고 만년필을 돌려주었다. "이렇게 귀하고 비싼 것인 줄 전혀 몰랐습니다. 용서를 빕니다." 그 후로 내게는 아무런 일도 없었으나, 그 후에 가끔 '도대체 어떻게 처리하셨기에 내가 무사할 수 있었나?' 하는 생각이 들어 성장한 후에 그분에게 여쭈어보았다. 그분은 아무 말도 안 하시고 자애로운 미소만 지으셨다. 아마도 그분은 성장기의 청소년들에게서 나타나는 정서적 빈곤 등으로 도벽 같은 비행 행위를 할 수도 있다고 이해해주신 듯했다. 다행히 그때 이후로 내 '손재주'가 더는 작동하지 않아서 다행이기는 했지만 영국의 큰 서점이나 도서관에서 탐나는 책을 보면 '슬쩍' 하고 싶은 충동이 가끔 들기도 한다.

시설을 방문한 귀빈들

당시 토레이 선교사님은 국제적으로 잘 알려진 듯했다. 그분은 가끔 유명한 분들을 초대해 오셨는데, 우리 원생들이 이들의 강연을 얼마나 의미 있게 받아들였는지는 잘 모르겠다.

방문객 중에서도 아직까지 기억에 남는 분들이 있는데 그중 한 분이 나치 시절 억압받던 유대인들에게 널리 기억되고 있는 코리 텐 붐 여사(1892~1983년)다. 이분은 네덜란드 출신으로 가족과 함께 제2차 세계대전 중 유대인을 나치의 홀로코스트에서 도피하도록 도와주었다. 나중에 독일군에 잡혀 투옥되었는데, 투옥 경험을 바탕으로 한 《주는 나의 피난처

토레이 선교사님의 초대로 재활시설을 방문한 코리 텐 붐 여사.

The Hiding Place》라는 책으로도 유명하다. 그녀의 용서에 대한 가르침은 잘 알려져 있고, 또 많은 책을 저술했다.

또 한 분의 방문객은 이름이 가물가물한데 로자 웨치Rosa Wetch라는 흑인 복음성가 가수다. 아이젠하워 대통령 취임식에서 노래하는 영화에서 나를 깊이 감동시킨 흑인영가의 명창 마하리아 잭슨Mahalia Jackon을 닮았다는 생각을 했다. 그다음으로 기억에 남는 방문객으로는 토레이 선교사님의 해군 군복을 입고 있던 아들 아처인데 그때 그는 아홉 살쯤 된 아들 벤과 함께 왔다.

나중에 그는 성공회 신부가 되었고 강원도 태백 골짜기에 예수원을 세운 것으로 잘 알려져 있다. 나중에 나는 토레이 선교사님의 손자 벤과 연결이 되어 북한에 장애인 보장구를 보내는 일을 함께 한 적이 있다. 할아버지의 뜻이 손자에게로 이어지는 모습이 신기하고 또 감사하다.

불가사의한 선교사 토레이 박사님

한국 최초의 재활사업가 토레이 선교사

토레이 선교사님[3]은 중국에서 33년간 선교사로 봉사하고 1952년 6월 30일에 한국으로 왔다. 그는 1913년 프린스턴 대학교에서 신학 석사를 마치고 미국 장로교단에 중국 선교사로 지원을 했다. 1914년 시난Tsinan에서 시작한 무려 28년간의 선교 사역 기간 중에는 장개석 총통을 대만으로 고립시킨 모택동의 대장정이 있던 실로 대단한 격동기였다. 공산 혁명이 승승장구하던 1942년 토레

---

3. 토레이 선교사님에 대해서는 그분의 여동생 클레어 토레이Clare Torrey Johnson가 집필한 《Ambassador to Three Culture : The Life of R. A. Torrey Jr.》(Jesus Abbey Publishers. 1999.)에서 자유롭게 발췌했다. 연락이 닿아 메일로 이야기를 나누었으나 이미 고령이어서 계속 연락을 유지하지 못했다.

여동생 클레어 토레이가 토레이 선교사님에 대해 쓴 책 《Ambassador to Three Cultures : The Life of R. A. Torrey Jr.》.

이 선교사님은 미국 본토에 돌아와 있었다.

1944년 초 장개석 총통은 미국 국무부에 서한을 보내 서부 중국에서 미군과 중국군의 연락 업무를 담당할 20여 명의 요원을 파견해달라고 요청했다. 1944년 토레이 선교사님은 워싱턴에서 파견할 요원들의 지도자가 되도록 훈련을 받고 있었다.

토레이 선교사님의 임무는 중국 농부들에게서 효과적으로 식량을 확보하여 미군에게 전달하는 것으로 그 손에서 수백만 달러가 움직였으며 성격상 이 업무는 중국인들과 긴밀한 협력관계를 유지하는 것이 우선이었다. 그러나 1945년 그가 활동하던 중국 서부에서 그가 타고 있던 자동차가 충돌사고를 일으키면서 그의 업무는 갑자기 중단되었다. 그는 오른팔을 어깨 가까운 쪽에서 절단해야만 했다. 절단한 후에도 몇 차례 더 수술했는데, 병원에 입원 중일 때 굵은 한자로 쓴 아주 정중하게 포장한 우편물을 받았다. 편지 내용은 이런 것이었다.

친애하는 토레이 박사님,

박사님이 리앙 산으로 가던 도중 교통사고로 오른팔을 절단하게 되었다는 소식을 황 장군에게서 듣고 깊은 애도를 표합니다. 토레이 박사님은 우선 선교사로서 산동 성에서 봉사하셨고, 평화시나 전시에도 한결같이 미군과 중국인의 최고 연락관으로 중국과 미국의 우대를 강화하는 데 헌신해주셨습니다. 토레이 박사님의 한없는 희생정신은 항상 중국 사람들의 마음속에 기독 정심의 상징으로 기억될 것입니다.

1945 8월 6일
장개석

토레이 선교사님은 1951년 9월 회갑을 앞두고 조기 은퇴를 할 의향으로 선교국에 편지를 보내려던 참이었다. 바로 그때 뉴욕에서 한국에 나가줄 수 있겠느냐는 전화가 걸려왔다.

이야기를 전해들은 부인 재닛 여사가 고함을 질렀다.

"여보, 지금 한국은 전쟁 중이잖아요!"

그러자 토레이 선교사님은 이렇게 말했다.

"그러니까 나에게 한국에 가달라는 거지요. 3만여 명 민중이 팔다리를 잃었는데 현지에서는 전혀 속수무책이래요."

"거기서 당신이 무엇을 할 수 있다는 거예요?"

"선교국에서는 팔다리를 절단당한 사람들을 위해서 재활 프로

그램을 시작하라는 거예요."

바로 그것이 전쟁으로 폐허가 된 한국 땅에서 토레이 선교사님이 담당해야 할 과제가 되었고, 1952년 6월 30일 그는 한국으로 왔다. 미국을 떠나기 전 그는 벌써부터 중요한 사람들을 만나서 재활훈련을 위한 네트워크를 만들며 필요한 사항들을 준비하기 시작했다. 그가 부산에 도착했을 때 더러운 도시 부산은 이미 수백만의 피난민들로 들끓었는데 그는 일찍이 이처럼 희망이 없고 절망에 빠진 사람들을 본 적이 없었다. 도착 후 일주일도 채 되기 전 그는 분주히 돌아다니며 미국 대사, 고위층 미군 장성과 병사들, 그리고 한국 관료들을 만나 장애인 재활원을 건립하려고 하니 도와달라고 요청했다. 또한 여러 병원을 돌며 전상병戰傷兵들을 만나기도 했다.

이렇게 해서 미국 장로교단의 기독교 세계봉사회와 유엔군 산하 민간 후원위원회, 세계 각처의 선교단체, 한국군, 미국 기독 시민들의 협력으로 '한국 수족절단자 재활원'이 시작되었다.

나는 이러한 설립 배경과 관련하여 미1군 사령관 밴 플리트 장군과 토레이 선교사님에 얽힌 사연을 잘 알고 있다. 이 사업이 채 시작되기 전부터 밴 플리트 장군은 이 사업에 대해서 알고 있었다. 밴 플리트 장군이 먼저 토레이 선교사님에게 연락하여 만나러 왔다. 그는 토레이 선교사님에게 자신의 참모진과 병사들은 전쟁 피해자들에게 지대한 관심을 가지고 있으며, 특히 길거리에서 매일매일 방황하는 장애 아동들의 참상은 참으로 불쌍하다고 했다. 토레이 선교사님 또한 부모도 집도 없는 피난민이 된 장애 아동들의 문제가 심각하다는 데 공감했다. 직접적으로 전쟁 피해를 입지 않은 이들은 동상, 지뢰 등 기타 폭파물로 상해를 입은 사람들이며 대부분 연고가 없어서 거리에 나앉은 거지가 되었다고 했다. 장군은 이렇게 덧붙였다.

"그래서 제가 오늘 토레이 박사님을 만나러 온 것입니다. 지금까지 아동들을 위해서 7만 달러를 모금했는데 세브란스 병원 내에 아동들을 위한 센터를 만드는 데 참여할 수 있겠는지요?"

토레이 선교사님은 흥분을 감추지 못하며 이렇게 말했다.

"장군님, 그 제안이야말로 참으로 오랜만에 들어보는 훌륭한 제안입니다."

이렇게 해서 토레이 선교사님에 의해서 1953년 시작된 프로젝트는 토레이 선교사님이 귀국한 후 서대문구 신촌에 새로 건립한 세브란스 병원의 부설로 그의 후임 스틴스마에 의해서 1963년 새로운 장애인 센터 Amputee Center로 완공되었다. 완공식 날 미1군 대표도 기념식에 참여했는데 나는 한국 장애인들을 대표해 그들에게 영어로 된 감사장을 낭독하고 증정하는 영광을 함께하게 되었다. 내용은 대략 이런 것이었다.

"이 감사장은 미1군 장병들이 전쟁으로 인한 한국의 장애인들을 위해 이 센터를 건립하는 데 기여했음을 감사하며……."

실제로 나는 한국전쟁으로 생겨난 많은 아동, 성인 장애인을 대표해 감사인사를 했다. 동시에 이 센터는 부속 건물로 '토레이 채플'을 지어 상징적으로 토레이 선교사님의 노고를 인정해 더욱 반가웠다. 어떤 의미에서 나는 전쟁 당시, 그리고 그 후에 미군 병사들이 보호한 많은 장애 아동들을 대표하게 된 셈이다. 그때 사진을 많이 찍었는데 지금까지 간직하지 못해서 참으로 아쉽다.

토레이 선교사님은 한국에서 최초로 재활사업을 시작하신 분이다. 건물을 짓거나 다리를 놓는 것이 아니고 3만여 명의 장애인들을 대상으로 한 재활사업 말이다. 통계에 의하면 부상당한 민간인은 30만 명에 달했고, 난민은 약 250만 명, 그리고 고아는 약 10만 명이었다고 한다. 나는 너무 어려서 토레이 선교사님이 열심히 일하시는 것을 가끔 본 적은 있지만 가까이하기에는 너무 높은 분이라 여겼다. 그분은 키가 크고, 흰 머리칼에 흰 콧수염이 나 있었다. 나는 영어도 못하는 터라 항상 존경하는 마음으로 먼발치에서 그분을 바라보았다. 항상 주일 아침에는 우리에게 최고의 아침상을 차려주었고, 모아둔 음반과 책도 모두 우리 시설에 기증하셨고, 한국 최초의 장애인 직업기술 센터를 만드실 만큼 혁신적인 분이다. 여러 가지 이유에서 토레이 선교사님은 내게 가장 큰 영향을 미치신 분이 되었다. 영국에 살면서 토레이 선교사님 이야기를 나누다 그분의 아버지가 미국에서 아주 유명한 무디Muddy 부흥사와 함께 영국에서도 전도 여행을 한 R. A. 토레이라는 사실을 비로소 알게 되었다. 그리고 그의 손자가 바로 토레이 3세인 예수회 설립자 대천덕 신부님이시다.

베트남 장애인 사업

베트남 사업을 시작하면서 국제 NGO는 나의 새로운 관심 영역으로 등장했다. 2001년 나는 당시 새로 조직된 한국의 국제 NGO '지구촌나눔운동'과 처음으로 캄보디아와 베트남을 방문하여 전쟁 피해자들, 특히 폭탄 사고로 부상을 입은 가난한 민간인을 대상으로 한 프로젝트를 구상하고 있었다. 군인들과 달리 민간인에 대한 대책은 전혀 없었다. 캄보디아에서는 행여 소변을 볼 요량으로라도 숲속에 함부로 들어가지 말라는 주의를 받았다. 전체 인구가 1,200만 명인데 지뢰가 1,000만 개나 묻혀 있다고 했다. 우리 팀은 일단 베트남 하노이 교외에 장애인 재활센터를 세우기로 잠정 결정을 했다. 이러한 국제사업을 구상하기 위한 모든 영감은 어렸을 때 보아온, 토레이 선교사님이 하시던 사업에서 받은 것이다. 나는 일을 시작하면서도 여전히 스스로에게 상기시켰다. 내가 하려는 사업은 단지 토레이 선교사님께서 어린 시절 내게 베풀어주신 것을 모방하는 것뿐이라고. 내가 베트남에서 사업을 수행하는 동안 그분은 항상 내 곁을 떠나지 않았다.

우리가 베트남의 농촌 마을에 도착했다는 소문이 돌자 사람들

베트남 하노이에서 토레이 선교사님을 생각하며.

이, 정확히 말해 장애인들이 모여들기 시작했다. 우리는 뜨거운 햇볕을 피하기 위하여 나무 그늘 아래에 있었는데, 그 주변으로 사람들이 모여든 것이다. 어떤 이는 업혀 오고, 리어카나 오토바이에 실려 오는 사람도 있었다. 그들의 간절한 눈망울이 가슴을 찔렀지만, 우리는 그 현장에서 속수무책이었다. 의사도 아닌 우리가 할 수 있는 일이란 아무것도 없었다. 한동안 그들과 이야기를 나누고 다시 오겠다고 약속한 뒤 그 동네를 떠나왔다. 시내로 나와서 관련 공무원들과 의사를 만나 의논한 후, 일단 가난한 장애인 주민들을 대상으로 의수족 서비스를 제공하기로 의견을 모았다. 나무 아래에 앉아 있는 동안 나는 나무 그늘 아래서 병자들을 치료하

지뢰 피해 장애인과 이야기를 나누는 모습.

시던 예수님의 모습을 생각했다. 그러나 아마도 사람들에게 둘러싸인 그분에게는 무력감이 없었을 것이다.

  나의 베트남 장애인 사업은 약 200만 달러에 상당하는 재활사업의 시작이었는데, 사회복지공동모금회와 한국국제협력단이 후원하고 우리 NGO 단체인 지구촌나눔운동이 열심히 기금 모금을 해서 지원했다. '지구촌나눔운동'은 동티모르와 에티오피아까지 사업을 펼쳐나갔으며, 나는 나중에 한국의 '밀알복지재단'과 대만의 '에덴인터내셔널'의 국제 자문 역할도 했다.

NGO 제국주의

NGO 활동에 대한 나의 철학을 나누고 싶다.

한국의 개발 NGO인 지구촌나눔운동의 '지뢰 피해 장애인 지원사업' 팀의 일행으로 캄보디아를 방문했다. 우리가 국제사회에서 선진국으로 대우받으려면 이에 상응하는 행위가 뒤따라야 하는데 부패가 없는 정직한 사회가 되어야 하는 것 외에도 물질적인 부를 나누는 데 인색하지 않아야 한다. 이 운동을 시작하면서 가장 먼저 생각한 곳이 '전쟁'이라는 우리와 유사한 민족적 운명을 경험한 캄보디아와 베트남이었다. 이 사업의 1차적 과제를 대인 지뢰 등 전화戰禍와 질병으로 장애를 입은 이들에게 의료 보장구를 지원하여 신체적, 심리적, 경제적 기능을 회복시킴으로써 실질적인 삶에 도움을 주고, 한국과 베트남의 국가적 우호관계를 결속시키는 역할을 담당하는 것으로 정했다. 이번 현장 답사는 우리에게 여러 가지를 생각하게 했다.

우리는 전쟁을 겪은 나라인데도, 그리고 우리 땅에 아직 지뢰가 묻혀 있는데도 지뢰 피해에 대해 너무 무관심했다는 것이다. 이 세계에는 약 73개국에 지뢰 문제가 있으며 그중 16개국이 아시아권이며, 지뢰 피해자가 감소하는 추세이기는 하지만 세계적으로 매년 2만여 명이 피해를 당하고 있다. 지뢰 사고는 흔히 무력 분쟁의 결과로 여기지만 국제적인 대인지뢰모니터에 따르면 71개국 중 39

개국에서는 1999년부터 2000년 사이 무력 분쟁이 없었음에도 막대한 지뢰 피해가 무차별적으로 계속되고 있다. 한국과 같이 오래 전에 무력 분쟁이 종결된 나라에서도 인명 피해는 그치지 않는다.

  예상은 했지만 전쟁과 지뢰 피해에 의한 장애의 현실은 상상을 초월했다. 1,200만의 인구가 사는 캄보디아 땅에 1,000만 개 이상의 대인 지뢰가 투하되었고 아직도 상당량이 매몰되어 있는 상태다. 땅에 묻힌 지뢰 때문에 농사를 짓지 못하고 버려진 땅이 허다하다. 국제연합에서는 전체 인구의 10~13%를 장애 인구로 추정하는데, 캄보디아는 길거리에 나서면 좀 과장해서 열 명 중 두세 명은 장애인처럼 보였으며 지뢰 폭파로 인한 외상이 역력했다. 우리가 방문한 어느 의료 보장구 공장에서 새로 만들어놓은 수백 개의 발목을 마치 구두를 만들듯 생산하는 현장은 충격적이었다. 국제 NGO 단체들이 추산하는 5~6%를 기준으로 하더라도 300~400만 명의 장애인이 있는 셈이다. 이중 약 75%는 전쟁에 의한 장애다.

  전쟁이 끝난 후 상당 기간 세월이 경과했지만 장애의 참상은 아직도 계속되고 있다. 대인 지뢰에 의한 피해 말고도 고엽제와 독가스 등 화학무기의 후유증으로 인한 장애의 비극이 20세 이하 청소년들에게 집중적으로 나타나고 있다. 고도의 기술과 특수한 재료가 조달되지 않으면 도움이 어려운 장애 유형이다. 이러한 실상을 보여주며 캄보디아인들은 "아직도 전쟁이 계속되고 있다."고 허탈하게 말한다.

 우리는 가난한 정부의 도움을 받지 못하는 70%에 이르는 민간 장애인들의 의료 보장구를 누가 어떻게 해결해주는지 궁금했다. 한 가지 우리의 관심을 끈 것은 우리가 2년 전부터 어느 정도 기반을 구축한 베트남에 비해 캄보디아는 상당히 조직화된 다양한 국제 NGO들을 통해 의료 보장구를 공급받고 있었다는 것이다. 우리의 방문 목적은 단순한 의료 보장구 제공에서 끝나는 것이 아니라 그들의 사회 복귀를 위한 취업훈련까지 연결시키는 것이었다. 필자는 한국 사람들이 이 분야에서 일한다면 아주 잘할 수 있고 베트남과 캄보디아에 몰려드는 여러 국제적인 NGO 사업 가운데에서도 가장 시급하고 값진 사업을 하게 될 것이라는 확신이 생겼다. 그러나 예상 밖의 장벽이 있으리라고는 생각하지 못했다. 이미 1990년 초에 세계적으로 확산된 대인 지뢰 반대운동의 여파로 영국, 독일, 이탈리아, 프랑스, 미국, 벨기에 등 서양의 수많은 NGO 단체들이 캄보디아 전역을 '분할'하여 '포진'해 있었다. 캄보디아 전역을 NGO 참여 국가 단위로 바둑판처럼 분할했을 뿐만 아니라 지도에도 지역마다 해당 국가의 국기를 꽂아두었다. 표면적으로는 모든 국제 NGO는 인도주의적인 사업을 하도록 되어 있다. 그럼에도 이 NGO들은 과거 식민주의자들의 경제적, 정치적 이념을 노골적으로 반영했다. 나는 그들의 현대적, 애타적인 동기를 무시하지는 않는다. 그러나 아무리 생각해도 온 나라에 국기를 꽂아가며 일하는 것은 분명히 식민주의적 정신 상태를 보여준다. 아무리 좋은 뜻을 가진 NGO라고 해도 서울의 뒷골목에 포장마차를 차리듯 후발 주자인 한국 NGO가 무조건 활동을 시작할 수 없음이 분명했다. 무분별한 NGO 활동의 규제나 지도 차원에서는 긍정적인 면도 있겠지만, 개화기 초엽 기독교가 처음으로 한국에 들어올 때, 미국의 남·북 장로교단과 주 선교회 등이 전도 지역을 분할했다는 이야기가 생각나서 씁쓸했다. 일본을 제외한 아시아권에서는 다른 나라를 찾아볼 수도 없었으며 일본도 직접적인 서비스보다는 측면에서 재정적으로 지원하고 있을 뿐이었다.

점차로 선진국들이 개발도상국의 개선과 성장을 위한 과감하고도 새로운 국제협력을 시작했는데, 거의 예외 없이 과거의 식민주의 국가들이 '온정적인 독재자'로 등장했다. 다시 말하면, 서양의 인도주의자들은 그들의 우월한 기술력으로 개발도상국의 복지를 향상한다는 것이다.

서양 또는 과거의 식민주의 국가가 주도한 개발협력은 해외원조, 공적개발원조ODA, 세계은행의 정책으로 나타나는데, 거의 예외 없이 개발도상국의 빈곤을 악화시켰다. 표면적으로는 인간애를 표방하는 비정부기구NGO 단체들이지만 초기에는 자국으로부터 전격적인 재정 지원을 받아 진출했기 때문에 해당 국가의 기득권 확장과 무관하지 않다. 제국주의적 식민지 확대를 연상시킨 것은 필자의 생각에 오류가 있어서일까? 국제 NGO를 순수한 비정부 민간단체의 활동으로만 인식할 것이 아니라 한국이 선진국으로 위상을 높이기 위해서는 필수 불가결한 시민운동으로 재인식해야 할 것이다. 과거와 같이 "자선은 앞마당에서부터 시작한다."는 말만 되풀이하며 우리 밖의 어려운 사람들을 외면할 수 없다. 제국주의적 영역 확장의 차원에서가 아니라 선진국으로서의 의무 수행을 위하여 ODA 공여액을 높여야 하며 국제 NGO 활동에 대해 더 적극적인 관심과 지원이 필요하다. 이제는 우리도 남을 돕는 나라가 되어야 한다는 시민운동으로서의 국제 NGO의 중요성이 재인식되어야 할 것이다. 한 가지 분명한 것은 나는 어린 시절의 경험 덕분에 국제 분야에서 인도주의적 사업을 하도록 훈련이 잘 되었다는 것이다.

지금 생각해도 'NGO 제국주의'라는 표현은 아주 적절하다고 생각한다. 국제개발 협력을 강의하면서도 개발 협력의 역사가 제국주의가 반복되는 역사일 수밖에 없었다는 결론에 다다랐다. 1941년 독일의 잠수함을 피해가며 대서양 선상에서 미국의 루스벨트 대통령과 처칠 수상이 제2차 세계대전으로 세계의 경제사회 건설을 구상한 회담에서 국제협력을 천명하는 대서양 헌장이 나왔다. 이 헌장으로 전 세계인 중 개발도상국underdeveloped 20억 명이 국제협력의 대상이 되었다. 국제협력의 수단으로 개발 원조를 내세웠으나 실상은 경제부국이 경제빈국을 통치하는 수단이었다. 새로운 시장을 개척하고 자본주의를 확대하기 위해 상업적으로 이권을 추구하고 원조 증여국의 경제활동을 활성화하며 식민지정책을 지속시켰을 뿐이다. 외교적, 정치적, 인도주의적, 심지어는 상업주의적 성격이 혼재된 국제협력이 2000년을 넘어선 현재에도 계속되고 있다.

제2차 세계대전 후 지난 60년간 세계는 2,000조 달러가 넘는 비용을 투입하여 빈곤을 퇴치하려고 노력했지만, 사실상 별다른 성과를 내지 못했다. 새천년 개발계획MDGS이 지나가고 다시 유엔의 지속가능한 개발SDG(2015~2030년)이 이어졌지만 세계에는 약 10억의 인구가 극빈 상태에서 살아가고 있으며, 세계인구 70억 중 15퍼센트인 10억의 장애인 중 80퍼센트가 개발도상국에 살고 있다. 28억 인구가 하루에 2달러 이하로, 12억 인구가 1달러 이하로 생활하고 있다. 또한 세계인구 중 8억은 늘 배가 고프며, 영양실조를 겪는 인구의 3분의 2가 아시아에 집중되어 있다. 또 하나의 모순은 여러 형태의 국제협력 정책은 많았으나 대체로 그 혜택은 빈민이나 취약층이 아니고 부유층에게로 돌아갔다. 지구촌의 고질적인 빈곤은 전쟁과 폭력, 분쟁, 인종 차별, 종교 갈등, 사회불안과 무질서의 원인이 되고 있다.

인류 역사 6,000년, 철학, 문학, 과학, 기술혁명, 문화가 발달함에도 지구촌의 절반이 굶주리는 세상에 살고 있으니 'NGO 제국주의'를 성토하는 것이 단순히 감상적인 것만은 아니다. 그러나 감상적인 성토만으로 끝낼 일도 아니다. 선진 한국 사회는 얼마나 국제 문제에 관심을 가지며 책임을 나누고자 하는가? 미국은 2014년에 327억 달러라는 어마어마한 액수의 개발 원조를 했지만, 한국은 전체 국민소득의 0.19퍼센트만 원조했을 뿐이다. 스웨덴은 1.1퍼센트, 노르웨이는 0.99퍼센트, 영국은 0.7퍼센트, OECD 평균은 0.29퍼센트인데, 한국은 겨우 0.19로 최하위권이었다.

국제사회복지 협력개발 철학

앞에서 언급한 내용과 관련해 잠시 국제 사회복지 협력개발에 대한 나의 견해를 나누고 싶다. 호주에서 대학 강의를 시작하면서 사회복지에 대한 생각이 많이 달라졌다. 당시 여러 영연방 국가 중 소위 선진국에 속한 호주는 개발도상국을 지원하는 중요한 역할을 담당하고 있었다. 그중에서도 파키스탄, 인도, 방글라데시의 고급 공무원을 대상으로 개발협력을 교육했는데, 나 또한 교육을 위해 중요한 역할을 담당했다. 런던정경대학에서 '개발도상국의 사회정책'을 공부한 덕이다. 또한 사회복지학과에서 국제협력을 강의하게 됨으로써 사회복지 활동의 영역을 확대하며 그 위상을 높이는 계기를 만들어주었다. 사회복지 영역을 국제협력 분야로 인식하기 시작한 것 또한 이즈음이다.

나는 지금 국제협력 분야에서 후발주자가 되어버린 한국의 사회복지가 어떻게 국제협력을 통하여 국제사회에 참여하고 기여할 수 있을지 진지하게 고민한다. 또한 그것이 어떻게 사회복지의 정체성과 잘 부합할 수 있을지 생각한다. 사실 한국전쟁 이후 한국 사회복지의 변화와 발전 과정을 보면 그 성격상 '국제협력'과 밀접한 관계가 있다. 1980년대까지 사회복지분야만 하더라도 150여 개 외국에 기반을 둔 단체가 활동하고 있었고, 현재 한국의 민간 사회복지 단체/재단 중의 상당수는 이러한 단체에 기반하고 있다. 그럼에도 현재 한국의 사회복지활동은 국제협력 분야에서 너무 미진하다. 이제는 한국의 사회복지가 국제협력을 통하여 국제사회에 참여하고 기여해야 할 때라고 생각한다. 우리가 값없이 받았으니 우리도 가난한 나라에 기여해야 하지 않겠는가!

지난 한국 근대사를 돌아볼 때 우리의 전쟁과 빈곤을 극복하는 과정은 국제협력의 대상인 지구촌 개발도상국이 처해 있는 극심한 빈곤 및 열악한 복지 현실 극복 방향과 너무나 유사하다. 특히 지난 30여 년간 한국은 경제 사회 발전의 힘을 얻어 사회복지의 여러 분야, 곧 가족, 아동, 지역복지, 장애 등의 분야에서 괄목할 만한 다양한 성과를 이루어내고 있다. 적어도 사회복지에 관한 한 한국은 다른 나라가 갖고 있지 못한 독보적인 경험을 갖고 있고 또 그 어려움을 극복했다는 차원에서 개발도상국들의 공감과 기대가 크다. 따라서 '사회복지 분야의 국제협력 방안'을 모색할 때 우리의 복지제도/서비스의 발전 경험을 국제적인 프로젝트로 재창출해내는 기회로 삼아야 한다. 그것은 개발도상국에 대한 일

방적이고 수직적인top-down '시혜'가 아닌 명실상부한 '국제협력'의 파트너로서 접근해야 한다. 이러한 협력 활동은 동시에 우리 자신의 성장과 성숙에도 기여할 것이다.

국제협력 현장의 상황

사회복지 영역의 국제협력을 위해서는 우선 한국의 사회복지가 참여하고자 하는 국제협력은 이미 일반 국제협력의 전문가와 실무자들이 선점한 영역임을 인식해야 한다. 그런 활동가들의 활동 내용이나 방법은 엄밀하게 말해서 사회복지와 그다지 거리가 있지 아니며 실제로 사회복지 전공자들이 직원으로 활동하고 있다. 그렇기 때문에 한국 사회복지계가 이제 국제협력의 카드를 제시한다고 해도 반드시 환영받을 것이라는 기대를 하기가 어렵다. 둘째로, 구체적으로 어떻게, 어떤 분야에서, 어떤 방법으로 국제협력 사업을 주도할지 생각해보아야 한다. 사회복지에 친숙한 경험이나 방법론을 지닌 국제협력 사업의 활동가가 되기 위해서는 우리가 가지고 있는 국제협력 역량을 개발하고 재정리해야 한다.

현재 한국에는 국제개발협력 분야에서 약 100여 개 시민사회단체/NGO가 활동하고 있다. 특히 '해외원조단체협의회'를 통하여 연대를 강화하며 회원 단체의 전문성을 향상하기 위한 훈련 프로그램을 운영하며, 코이카KOICA의 지원을 받아 회원 단체들을 통한 국제협력 인력을 훈련하고 보강하는 데 힘쓰고 있다. 또한 현재 한국에는 2000년대부터 등장한 국제대학원이 15개 정도 된다. 전공은 국제통상, 금융, 지역학, 통번역학, 국제 관계학 및 국제협력이 포함된다. 물론 초기에는 전문가 수준의 국제인력을 배양하는 것이 목적이었으나, 최근에는 민간협력 분야에도 진출하기 때문에 국제협력 분야의 인력 경쟁에 박차를 가하고 있다.

사회복지와 국제협력의 방향

사회복지가 국제협력에 참여하고 기여하기 위해서는 그 정체성을 정리해보아야 한다. 과연 국제협력 분야에서 사회복지의 정체성은 무엇인가? 단언컨대, 국제협력 분야에서 '복지'는 이미 너무 자선과 시혜, 또는 NGO와 관련하여 구호사업에 치중하는 1세대 NGO와 동일시되는 경향이 있다. 이제 '물고기를 잡아다 먹여주는 식'의 국제협력 시대는 지났다. 그렇다면 한국의 사회복지가 적극적으로 국제협력 사업을 추진하기 위해서는 어떤 조건을 갖추어야 하는가?

우선 두 가지인데, 첫째는 간략히 말해서 외국의 시설을 견학하고 단체로 국제회의에 참여하는 수동적인 차원을 초월하는 사회복지인의 국제적인 감수성, 감각을 발달시키고 전문적 기술을 활용하는 국제협력이 되어야 할 것이다. 이 점은 너무나 초보적인 과제이기도 하여 누차 강조해도 더 이상 강조할 수 없다. 두 번째는 좀 더 학문적이고 전문적인 차원에서의 정체성 모색이다. 또한 그것이 사회복지 국제협력의 전략이 되어야 한다. 그것은 기존의 자선적 복지나 대부분의 개발NGO 사업과는 달리 사회복지 정책과 방법론을 경제 정책이 지향하는 목표와 통합 내지는 조화를 지향한다. 요컨대 과거의 경제 발전은 사회 발전의 국면을 외면한 왜곡된 발전이었다. 그 결과로 발생한 빈곤, 박탈, 불평등, 건강, 의료, 환경, 국방비 증가 등의 문제를 지나치지 않는 협력관계가 필요하다. 곧 국제 사회복지 개발의 정체성은 경제와 사회적 목적을 통합시키려는 노력을 해야 한다.

이러한 나의 사회복지 국제협력에 대한 철학은 나의 삶과 학문, 그리고 실천 활동을 통해 얻은 소중한 열매다. 장애인으로서, 사회복지 전문가로서, 나아가서 유엔 산하 위원회에서 활동하며 얻은 국제 감각을 통해 형성된 것이다.

날아다니는 네덜란드인 스틴스마

스틴스마 씨의 현명한 결정

하루 세 번 밥을 먹을 수 있고, 잠잘 곳과 의복, 그리고 가끔 구호물자가 배급된다면 내가 살아가는 모습은 비교적 평탄해 보였다. 그러면서도 가끔 걱정이 생겼다. 도대체 언제까지나 토끼를 먹이고 개구리를 잡아 닭 모이를 만들며 살아가야 하는가 하고 말이다. 아마 나도 성장하고 있었나 보다. 그러가 갑자기 나도 이제는 외국 노래나 배우고, 한문을 익히고, 성경을 암송하기보다는 정규 학교에 가고 싶다는 생각이 들었다. 선생님들에게 조르고 졸랐더니 우리 생각이 한국인 원장에게 전달되었고 나중에는 토레이 선교사님도 알게 되었다. 그래서 우리 중 다섯 명이 우리 시설에서 철길을 따라 4킬로미터 정도 거리에 있는 초등학교에 가게 되었다. 일단 입학을 하려고 보니 우리 중 아무도 호적이나 주민등록이 없었고 학령기가 훨씬 지났지만 학교라고는 가본 적이 없었다. 다행히 교장은 우리의 장애에 대해서는 아무 말도 하지 않았다. 결국에 하는 수 없이 토레이 선교사님이 직접 교장을 만나 우리가 입학할 수 있도록 간곡히 부탁했다. 통역을 통해서 선교사님과 교장이 진지하게 논의한 후 교장은 임시 증명서만으로도 우리가 입학할 수 있도록 허락했다. 우리는 그때부터 한국의 교육 통계에 포함되었는데, 왜 이런 일에 미국 선교사님이 개입해서 목소리를 내야 하는지 이해가 되지 않았다. 우리는 각자 학습 능력에 따라 학년이 정해졌으며 그 덕분에 2년간 초등학교 교육을 받을 수 있었다. 나는 전교 학생회장으로 당선되기도 했고 졸업할 때는 성적이 좋아 교육감 상을 받기도 했다.

내가 중학교 2학년쯤 되었을 때 연로해진 토레이 선교사님은 미국으로 들어가셨다. 우리는 그분이 절대 우리를 떠나지 않을 거라고 생각했다. 우리는 그분이 필요했고 모든 것을 그분에게 의지했다. 그분이 떠나기 전 세례를 받고 싶으면 누구나 명단에 이름을 올리라고 해서 나도 그분에게 세례를 받기로 했다.

토레이 선교사님의 후임으로 미국 미시간 주에서 새로 한 분이 오셨다. 그분은 양팔이 없는데도 양쪽 의수를 자랑스럽게 끼고 랜드로버를 직접 운전하며 거친 한국의 도로를 돌아다녔다. 그분은 스틴스마 씨로 미국에서도 잘 알려진 재활전문가였다. 도착하자마자 우리 시설의 직업훈련 시설 등을 돌아보며 무언가 새로운 것을 시도해야 한다고 조급해했다.

그가 첫째로 지적한 것은 우리 시설이 장애인을 위한 영원한 '피난처'가 된다는 것이다. 실제로 어떤 장애인들은 결혼도 하고 시설 안에서 살림도 차렸다. 우리 시설을 찾아오는 사람들은 끊이지 않는데, 일단 들어온 사람은 나갈 생각을 전혀 하지 않는다. 스틴스마 씨가 생각하기에 이렇게 장애인들이 아무런 도전도 받지 않고 시설 안에서 오랫동안 보호받는 것은 문제가 있다고 했다. 그는 조만간 대전의 시설을 폐쇄하고 서울로 옮길 테니 원생들은 이곳을 떠날 준비를 하라고 통고했다. 아울러 장애인들에게 시설이 보장하는 안정을 포기하라고 했다. 말할 여지도 없이 이러한 분위기는 상당수의 장애인을 큰 염려 속으로 몰아넣었다. 그래도 몇몇 사람은 이곳에서 배운 기술로 밖에 나가서 사업을 해볼 구상도 했으나, 대부분의 원생들은 환영을 받든 눈치 덩어리가 되든 집으로 돌아가야만 했다. 모두에게 충격적인 사태임에 틀림이 없다. 그러나 그 당시 스틴스마 씨의 결정이 장기적으론 현명했다는 것을 시간이 흐른 후에 알았다.

그가 지적한 또 다른 문제는 우리 시설이 '재활' 시설로서 어린 아이들을 모아 학교에 보내는 곳이 아니라는 것이다. 여기에 해당하는 아이들은 열 명 정도였다. 나는 너무 큰 충격을 받아 완전히 식욕을 잃고 잠도 제대로 자지 못했다. 어느 날 저녁에는 잠을 설

치다, 어서 일어나 학업을 계속할 수 있게 해달라고 기도하라는 귓가의 속삭임을 들었다. 나는 "그래, 맞아! 일어나! 하나님께서 내가 공부를 계속할 수 있게 해달라고 기도하라고 말씀하시는 거다!" 하며 혼자 말했다.

공부하고 싶은 열망

우리 시설은 외딴 산골짜기에 있었다. 앞에서 이야기했듯이 미국 선교사들은 선교시설을 지을 만한 장소로 땅값이 저렴한 곳을 물색했다. 그래서 정해진 곳이 대전 시외의 공동묘지가 있는 야산이었다. 우리는 가끔 사람의 뼈나 해골 같은 것도 보았고, 폭파와 빗물로 반쯤 파헤쳐진 무덤 사이로 다니는 게 보통이었지만 상당히 무서웠다. 그래서인지 내가 새벽기도를 하겠다고 작정한 날 귀신이 나온다는 이야기가 떠올라 겁이 나기도 해서 주저하게 되었다.

새벽은 어두웠다. 그러나 용기를 내어 교회로 가서 야곱이 하나님의 천사와 씨름을 하듯 열심히 기도했는데, 나는 이미 식욕을 잃어서 금식기도가 되었다. 학업을 계속하고 싶다는 욕구가 큰 만큼 기도에 대한 나의 열정도 컸다. 내게는 별다른 돌파구가 없었기 때문에 계속 기도에 매달렸다. 일주일 정도 기도한 후 판지 상자에 몇 가지 옷과, 책, 공책을 챙겨 넣고 군용 전화선으로 꽁꽁 동여맸다. 그것을 손에 들고 대전 시내에 있는 스틴스마 씨의 사무실로 찾아가서 공부를 시켜줄 수 있는 곳으로 가기 위해 이 시설을 떠나겠다고 얘기했다. 그는 아무 말도 하지 않고 하루 종일 나를 기다리게 했다. 그러고는 나에게 시설로 돌아가 있으면 나중에 이야기하겠다고 했다.

지금 생각해보니 바로 이 무렵 정간모 선생님께서 나에게 성경을 들고 사진을 찍게 한 듯하다. 그리고 바로 그 사진이 영국 옥스팜으로 전해져 영국 어머니의 손에 들어간 것이다. 시간이 얼마나 걸렸는지는 모르지만 누군가가 영국에 있는 분이 내 교육을 지원하기로 했다는 소식을 듣게 되었다. 내 기도가 불가사의하게도 영국의 가정까지 전달되었음이 분명하다. 스틴스마 씨는 내 교육을 중단시키려고 했지만, 나중에는 고등학교를 서울로 유학 갈 수 있도록 배려해주었다. 서울, 오랫동안 그 도시의 이름을 잊었는데 내 가슴은 다시 설레기 시작했다. 혹시 어머니를 만날 수 있을지도 모른다는 생각 때문이었다! 나는 서울의 남산 근처 북한 피난민들이 많이 모여 사는 동네에 있던 숭실고등학교에서 공부를 시작했다. 이 학교는 원래 잘 알려진 북한 평양의 기독 학교다.

서울로 가는 기차는 내가 늘 놀던 우리 시설 옆을 지나는 경부선이었다. 나를 배웅하려고 시설의 원생들이 모두 기차가 지나가는 언덕 위에 모여서 목발을 흔들거나, 휠체어에 앉아서 나를 배웅했다. 내가 그 시설을 떠나 서울로 가는 것은 분명하게 갈 곳이 없는 원생들에게는 일종의 탈출을 상징했을 것이다. 영국의 소설에서 본 시골 학생이 옥스퍼드로 유학을 가던 것이 생각난다. 오랫동안 생활하며 꿈을 키우며, 함께 살아온 친숙한 얼굴들을 뒤로하는 것이 못내 아쉬웠다. 나는 2008년 우리 시설이 있던 곳을 찾아갔으나 그 주변은 완전히 개발되어 고층 아파트가 세워져 아무것도 알아볼 수 없었다. 나는 상실감과 허탈감을 달래려고 택시를 타고 초등학교가 있던 동네로 가보았다. 그 지역은 아직도 낙후한 채로 있었고 큰 변화가 없어 보였다. 내가 다니던 학교만이 부분적으로 새로 단장을 했다.

스틴스마 씨 덕분에 만난 의외의 사람들

처음에는 어려움을 주는 듯했으나 결국 스틴스마 씨는 내 성장 과정에 많은 영향을 주었다. 나는 어렸을 때부터 외국 사람들을 자주 만나면서 영어에 대한 관심을 키워왔지만 한 번도 정식으로 지도받은 적이 없다. 무슨 생각이 들었는지 나는 영어로 편지를 써서 스틴스마 씨에게 주었고, 그러면 그는 부인에게 내 편지를 전달해주고 부인은 내 편지를 읽고 정성껏 수정을 해서 내게로 돌려주었다. 이렇게 수정한 편지들 덕분에 영어에 대한 눈이 크게 열렸고 영작 실력이 아주 좋아졌다. 나의 졸렬한 영문을 읽어주고 수정해주신 분이 있다니 나는 참으로 운이 좋았다. 그런데 사실 스틴스마 부인은 탁월한 영어 문장력으로 잘 알려진 분이었다. 내가 기억하기로는 1960년대 말에 영국 신부 리처드 러트와 함께 〈코리아 타임스Korea Times〉의 유명 칼럼인 'Thoughts of the Times'에 기고를 했다. 가끔 스틴스마 부인은 봉투에 용돈을 넣어 주었는데, 그 돈은 기고한 칼럼의 원고료일 것이다.

또 여름방학 때는 서울 근교 오류동에 있던 현재의 성공회대학교 자리인 러트 신부님의 거처에서 함께 시간을 보내도록 주선해 주기도 했다. 유명한 한학자인 그분이 연구하는 모습을 보는 것은 내게는 큰 축복이었다. 성공회 신부로서 그는 당시 30대 중반의 케임브리지 대학 출신 노총각이었다. 나는 그분을 학자이자 신부로 기억하는데, 특히 다산 정약용 연구로 잘 알려져 있고 상을 받은 적도 있다. 정약용은 조선 18세기에 천주교를 옹호했다는 죄목으로 18년간 유배를 당한 당대의 유명한 학자다. 러트 신부님은 간혹 그의 랜드로버에 나를 태우고 선교지를 방문했다. 그중 한 곳이 강화도인데, 그때는 지금처럼 육지와 연결하는 다리가 없어 배로 건너다녔다. 그가 귀국한 후 오랫동안 소식을 듣지 못했는데, 나중에 결혼도 했고, 영국 남부 도시의 주교가 되었으나 노후에는 우울증으로 고생한다는 이야기를 스틴스마 부인을 통해 들었다. 영국에 있는 동안에도 찾아보지 못한 것이 아쉽다.

내가 서울에서 고등학교를 다닐 때 홀로 있으면 외로울까 봐 걱정되었는지 스틴스마 씨는 가끔 모르는 사람들에게 나를 찾아 돌보게 했다. 어느 날 영국 외교관 크리스틴이 세브란스 병원의 숙소로 찾아왔다. 물론 처음 만나는 분이다. 그분은 나를 용산 미8군 사령부 안의 식당으로 데려가서 최고급 비프스테이크와 아이스크림 등 맛있는 음식들을 먹게 했다. 한국 사람으로서 미8군 안에 들어가는 것은 고사하고, 이렇게 맛좋은 음식들을 본 적도 먹어본 적도 없다. 그러고는 나에게 슬롯머신을 한번 해보도록 했다. 한 번도 이 게임을 해본 적이 없는데 이게 웬일인가! 그만 대박을 치는 바람에 요란하게 벨이 울렸다. 나를 데려온 책임이 있는 크리스틴은 당황해서 어쩔 줄 몰랐다. 그런데 문제는 내가 미성년자인 데다 한국 국적의 사람이어서 슬롯머신 당첨금을 어떻게 처리하느냐였다. 크리스틴과 지배인이 한참을 이야기 나누더니 서둘러 그곳을 떠나면서 내 주머니에 23달러 50센트를 넣어주었다. 그러고는 스틴스마 씨에게 이 이야기는 하지 말라고 했다. 내가 처음 손에 쥐어본 큰돈인 데다가 그것도 달러였다. 그런데 불행히도 그때가 처음이자 마지막으로 그 외교관을 만난 것이었다.

쿠데타

서울역 앞 세브란스 병원에 살게 되어 1961년 봄에 아주 중요한 역사 사건을 목격하게 되었다. 나는 근처에서 들려오는 요란한 총소리에 잠이 깼다. 본능적으로 또 전쟁이 났구나 하고 생각하는 동시에 이번에는 전쟁 피해자가 되지 않겠다고 작정했다. 다른 사람들은 침대 밑으로 기어들어가 피하는데, 나는 벌떡 일어나서 가장 튼튼한 청바지를 입고 라디오를 하나 들고 기숙사 바깥으로 나갔다. 그런데 막상 기숙사의 담벼락을 벗어날 수 없었다. 날아오는 유탄에 맞기라도 하면 어떻게 하나 두려웠기 때문이다.

나는 거의 기다시피 해서 겨우 붉은 벽을 방패 삼아 병원 정문까지 갔는데 거기에는 이미 수많은 사람이 모여 있었다. 길 건너편에는 몇몇 군인이 총을 들고 경찰관들을 땅바닥에 무릎 꿇려놓았다. 잠시 후에 라디오 방송이 흘러나왔다. 방송으로 혁명 공약을 하나하나 열거했다. 혁명이라고? 혁명이 뭔데? 우리가 평소 쓰는 용어와 너무 달랐기 때문에 도무지 이해하기가 어려웠다. 그러나 내 눈앞에서 전개되는 상황들은 아주 심각한 사태가 발생했음을 분명히 보여주었다. 군인들의 분주한 움직임과 무장한 군용차들이 이것을 설명해주었다. 광화문에서 중앙청에 이르는 거리는 군인들이 완전히 점령했다고 했다.

나는 세브란스 병원의 정문 곁에 몇 시간을 서 있으며 어떤 일들이 일어나는지 관찰했고, 도피하지 않아도 된다는 생각을 했다. 그날 전쟁이 일어난 것은 아니고 1961년 5월 16일 새벽의 군사 쿠데타였다. 이 쿠데타는 박정희 장군이 주도한 군사독재의 시작이고 우리는 경이적인 경제발전으로 그 대가를 치렀다. 점심 무렵 학교에 갔으나 그날은 수업이 없다고 해서 남산 길을 걸어 병원 기숙사로 돌아왔다. 나는 그때 고등학교 1학년이었다.

수년이 지난 후 1970년대 중반에 나는 독일 프랑크푸르트 시청 광장의 한가운데서 독재에 항거하며 민주화 투쟁을 하다 사형선고를 받은 7명의 젊은이를 위해 구명운동을 했다. 그러나 그들은 독재자 박정희에 의해 즉결 재판으로 즉각 사형되었다. 30여 년이 지난 후 한국의 대법원은 사형당한 7명에게 무죄선고를 내렸으나, 이미 사라진 그들의 생명을 어떻게 할 것인가? 그 당시 나는 한국의 민주화에 깊은 관심을 가지면서 런던 소재 국제사면위원회 Amnesty International의 문을 두드렸다. 한국의 민주화 운동을 지지하는 영국 시민들과 함께 힘을 모아 일했다. 우리 모임에서 집중적으로 지지받은 민주화 인사는 김대중 씨로 1998년 한국 대통령이 되었다.

나를 위해 눈물을 흘리시는 예수

내가 서울에서 고등학교를 다니는 동안 스틴스마 씨는 내가 아무도 돌봐주는 사람 없이 혼자 생활하는 것이 마음에 걸렸던 모양이다. 동시에 병원 울타리 너머에 한국에서 가장 소문난 홍등가 양동이 있다는 것도 염려하는 한 원인이 되었을 것이다. 실제로 나는 병원 뒷문을 통해 학교를 다녔다. 오다가다 온갖 위험한 장면과 초저녁부터 붐비는 밤거리의 길목을 채우는 여성들을 늘 보고 다녔다.

어느 일요일 오후 통역관이 예고도 없이 기숙사로 찾아와서는 나를 아주 먼 산골 도시 '거창'에 있는 고등학교로 보내기로 결정했다고 통보했다. 서울은 한국 사람이라면 누구나 이곳에 와서 꿈을 이루려는 도시다. 같은 이유에서 나도 서울을 떠나고 싶지 않았고, 더구나 산골짝 거창으로 가라는 것은 정말 말도 안 된다고 생각했다. 나는 거창이라는 곳이 어디에 있는지도 몰랐다. 그러나 고집불통 스틴스마 씨의 결정을 거부할 힘이 없었다. 나는 옷가지와 책들을 모아 짐을 꾸려 화물 용달 서비스로 거창에 보냈다. 그리고 거창 가는 버스를 타기 위해 김천행 밤 열차를 타고 출발했다. 김천역에서 세 시간 더 버스를 타고 거창으로 가야 한다.

밤 열차를 타고 가는 동안에 반쯤 잠이 든 상태에서 지금까지 살아온 삶을 돌이켜보았다. 갑자기 오갈 데 없는 피난민, 고아, 한 팔의 비렁뱅이, 길거리 좀도둑으로 살면서 굶주림과 폭력을 겪은 것을 생각하니 밀려드는 슬픔을 막을 길이 없었다. 그런데 이제 설상가상으로 내 뜻과는 달리 이 추운 겨울에 거창까지 가야 한다니! 나는 한마디로 보잘것없고 불쌍한 존재라는 생각과 함께 이제 더 살고 싶지도 않으니 죽어버리자는 생각이 들었다. 그런데 왜 진작 자살을 생각해보지 않았을까? 이제 그만 나의 불행한 삶을 끝내야겠다는 생각이 나에게 이토록 평안함과 안도감을 주리라고는 미처 생각지도 못했다. 그렇다. 이제는 미래에 대한 걱정을 하지 않아도 된다.

나는 자리에서 일어나 밖으로 나가서 승강장 계단 위에 섰다. 마음이 평안한 가운데에서도 나는 흐느끼고 있었다. 어느 순간에라도 뛰어내릴 준비를 했다. 밖에는 함박눈이 펑펑 내리고 있었다. 그런데 바로 그 순간 날리는 눈 속에서 나를 위해 눈물을 흘리시는 예수님의 형상을 보았다. 확실하게 이해할 수는 없었지만 그분의 얼굴에서 흐르는 눈물이 나를 부드럽게 끌어안았다. 나는 망상에서 깨어났고 갑자기 찬바람이 나를 둘러싸는 것을 느꼈다. 나는 기차 안의 내 자리로 돌아가서 깊은 잠에 빠졌다. 나는 지금도 내가 기차에서 뛰어내려 목숨을 끊으려는 순간 어쩌면 그리도 평안했는지 그리고 어떻게 눈 속에서 예수님을 만났는지 의아하다. 나는 지금도 만일 사람들이 자살하기 전에 내적인 평안과 안식을 느낀다면 자살하지 않을 것이라고 생각한다. 밤새 열두 시간을 달려온 기차가 새벽 5시경 김천역에 도착했고 거기서 세 시간 더 험한 자갈길을 달려 거창에 도착했다. 내가 거창고등학교에서 새 생활을 시작한 것은 1962년이었다.

대학생활

대학 학장이 되기보다는 농촌의 고등학교에서 학생들 교육에 전념하겠다는 전영창 교장선생님은 미국의 웨스트민스터 신학교에서 수학하신 분이다. 이 학교는 하도 가난해서 교사들에게 급여를 제대로 지급하지 못하고, 식사도 거의 대부분 감자, 국수, 꽁보리밥만 먹는다고 했다. 부모님들이 가난하니 학생들도 마찬가지로 가난했다. 주말에는 고향으로 돌아가서 쌀을 한 말씩 지고 학교로 돌아왔다. 비록 가난한 농촌의 학생들이지만 서울의 명문대에 합격시키는 등 성적이 탁월한 고등학교로 자리를 굳혀가고 있었다. 내가 혼자 서울에 있을 때는 공부에 전혀 관심이 없었고 주변에서 챙기는 사람도 없었다. 내가 마음에 둔 대학이라고는 연세대, 숭실대뿐인데 특히 숭실대학교는 평양에서도 잘 알려진 기독대학이었다. 그런데 여기 산골 거창의 학생들은 최소한 옥스브리지(옥스포드와 케임브리지) 같은 대학들만 바라보며 공부했고 영어사전도 '삼위일체'라는 것을 사용했다. 내가 아는 '삼위일체'는 성부, 성자, 성신이라는 것뿐인데 이것은 내가 들어보지도 못한 영어 참고서였다. 나는 충격을 받아 눈을 더 크게 뜨고 열심히 공부했다.

거창고등학교에 있는 동안 나는 미국 미시간 주 그랜드래피즈Grand Rapids의 '골든 레이디스 클럽Golden Ladies Club'이라는 기독 부인회에서 매달 10달러씩을 받게 되었다. 이들은 기도와 친교를 위한 여성 모임인데 내가 그분들과 연결이 되었다. 나에게는 이에 대해 아무 말도 안 했지만, 아마 이것도 스틴스마 씨가 주선했을 것이다. 그 부인회에선 타이맥스 시계를 보내주기도 했다. 오랜 세월이 지나 1992년 안식년 때 스틴스마 내외를 방문하며 그랜드래피즈에 갔을 때 그 여성 클럽의 회원들을 찾아보려 했으나 한발 늦었다. 그분들은 이미 세상을 떠나신 뒤였다. 직접 감사 인사를 하려고 했는데 정말 아쉬웠다.

나는 거창고등학교에서 성적이 제법 올라 서울의 한 대학에서 사회복지를 공부하게 되었다. 어렸을 때부터 남의 도움을 많이 받아서인지 내가 사회복지를 전공하기로 한 것은 너무나 당연해 보였다. 가능하다면 고아원도 하나 운영하고 싶었다. 대학에 다니려고 거창에서 서울로 돌아오니 당장 거처할 곳이 없었다. 나를 항상 따라다니는 문제다. 나는 하도 급해서 퉁명스럽고 무관심해 보이는 듯한 스틴스마 씨를 찾았다. 그도 그럴 것이 그를 찾아오는 사람들은 하나같이 골칫거리였다. 통역관을 통해 새로 문을 연 세브란스 병원의 재활원에서 수위로 일할 수 있다고 했다. 그렇다. 낮에는 대학에 다니고 저녁에는 이곳에서 잠을 자면 되겠다고 생각했다. 원래 수위란 잠을 자서는 안 되지만 말이다. 전쟁 이후 토레이 선교사님이 미1군과 협력하여 전쟁 피해 장애아동을 위해 이 건물을 짓는 데 큰 공헌을 했기 때문에 나는 당연히 혜택을 받을 권리가 있다고 생각했다.

거창고 전영창 교장선생님의 가르침

나는 큰 포부를 가지고 대학생활을 즐기기 시작했다. 그리고 대학 졸업 후 미국 유학을 다녀와 대학교수가 되겠다는 목표도 세워놓았다. 이론적으로 나는 밤일을 하는 수위였으나 새 재활원에서 잠도 잘 수 있고 훌륭한 보일러 시스템 덕분에 따듯하게 목욕도 할 수 있었다. 그러나 식사 해결은 내 책임이므로 항상 문젯거리로 남아 있었다.

대학 1학년의 첫 학기를 마쳐갈 무렵 늘 몸이 불편하고 피곤하여 담당 사회복지사를 만나 이야기했다. 그는 곧장 X-레이를 찍어보도록 했는데, 얼마 후 폐결핵에 걸렸다는 통보를 받았다. 불량한 음식과 수위로 일하느라 취침시간이 일정치 않은 생활 패턴이 건강을 해친 모양이었다. 생각해보면 거창에 있을 때나 서울에 올라와서나 내 식사는 하나도 좋아진 것이 없었다. 다시 한 번 스틴스마 씨가 나서서 당시로서는 부유층이거나 유명한 연예인만 갈 수 있던 인천 송도의 적십자 요양원으로 곧장 가게 되었다.

그런데 나는 전쟁고아라서 대부분의 치료에서 보조금을 받을 수 있었다. 매일 매끼가 가히 설명할 수 없으리만큼 최고의 영양을 고려한 식단에다 맛도 최고였다. 많은 한국 사람들이 당시 국민 병이라고 하는 결핵을 앓고 있었다.

내가 전쟁고아라서 혜택을 받는 것은 고마운 일이지만 결핵에 걸린 고아들이 모두 나처럼 제대로 치료를 받는 것은 분명히 아니었다. 해변가의 이 아름다운 요양병원에 입원해 4개월쯤 되었을 때 방문객이 찾아왔다. 나를 찾아올 사람이 없는데 누구일까? 그런데 뜻밖에도 고등학교 교장선생님이었다. 거창에서 여기까지 오려면 족히 하룻길인데! 내가 요양병원에 입원해 있는 동안 그분이 유일한 방문객이었다. 그분은 학교를 위한 기금 모금 등으로 대단히 분주하셨는데도 나를 위해 기도해주려고 오셨다. 그런데 정말 놀랍게도 그다음 날 중고 트랜지스터라디오를 하나 사들고 다시 병원을 방문하셨다. 그분은 병상에 누워 있는 내게 라디오가 필요할 거라고 생각하신 것이다. 나는 나이가 어린 졸업생이기는 하지만 그분이 학교 운영과 교사들의 급여 마련으로 동분서주하고 기도를 많이 하시는 것으로 알고 있다. 어떤 분이 집필한 그분의 전기에는 이런 이야기가 있다.

열심히 기도하던 중 한번은 하나님께 불평을 늘어놓았단다. 학교 운영 때문에 매일매일 시련에 부딪히는 것을 훤히 아실 터인데도, 그리고 그가 하나님을 위해 최선을 다하고 있는데도 하나님은 무심하다고 불평했다. 얼마 안 되는 재산인 땅을 다 팔아서라도 신문에 "하나님은 존재하지도 않고 우리를 위해 조금도 염려하시지 않는다."라는 광고를 내리라고도 마음먹었다. 그가 산에서 기도를 끝내고 교장실로 돌아왔더니 항공 우편 하나가 책상 위에서 기다리고 있었다. 얼른 열어 보았더니 미국의 친구가 보내준 1만 달러짜리 수표 한 장이 들어 있었다.

나는 그분이 라디오를 사주실 거라고는 기대도 하지 않았으며 값도 상당히 비쌌을 것이다. 그런데도 그분은 새것을 못 사주어 내내 미안하다고 하셨다. 말할 것도 없이 그 라디오는 내가 긴 시간 안정을 취할 때 10개월 동안 매일매일 모든 음악을 듣게 해주었다.

거창고등학교 전영창 교장선생님은 아주 특별한 분이셨고 우리는 모두 그분을 존경했다. 나는 학교를 졸업했는데 그 학교에서 두 가지 큰 가르침을 배웠다. 그중 하나는 그분이 즐겨하시던 훈화 말씀인데, 미국 선교사가 일본을 떠나며 일본 학생들에게 했다는 "청년이여, 야망을 품어라!"라는 말이다. 이 훈화는 우리 모두의 가슴을 설레게 했다. 물론 학생들은 각자 다른 의미로 받아들였겠지만, 그분의 가르침은 분명했다. 곧 '야망을 품으라'는 것은 개인 혼자만의 출세, 입신양명을 의미하는 것이 아니고 힘 있는 사람이 되어 우리 사회에서 힘없고 가난한 취약계층 사람들을 가슴에 품고 그들을 위해 일하라는 말씀이셨다. 다음은 그분이 강조하신 직업선택의 십계+誡다.

1. 월급이 적은 쪽을 택하라.
2. 내가 원하는 곳이 아니라 나를 필요로 하는 곳을 택하라.
3. 승진할 기회가 거의 없는 곳을 택하라.
4. 모든 조건이 갖추어진 곳을 피하고 처음부터 시작해야 하는

황무지를 택하라.

5. 앞을 다투어 모여드는 곳을 절대 가지 마라. 아무도 가지 않는 곳을 가라.
6. 장래성이 없다고 생각되는 곳으로 가라.
7. 사회적 존경을 바랄 수 없는 곳으로 가라.
8. 한가운데가 아니라 가장자리로 가라.
9. 부모나 아내가 결사반대를 하는 곳이면 틀림없다. 의심치 말고 가라.
10. 왕관이 아니라 단두대가 기다리는 곳으로 가라.

위와 같은 가르침은 살아가는 동안에 도전이 되기도 했다.

병원 치료에 대한 반응이 아주 좋았다. 그런데 하루는 의사가 완치되더라도 X-레이를 찍으면 결핵을 앓은 상처가 남아 있을 것이라고 했다. 이것은 미국 유학에 대한 내 꿈을 완전히 깨트리는 청천벽력 같은 소리였다. X-레이에 결핵을 앓은 흔적이 나타난다면 미국 비자를 받을 수 없었다. 당시 한국인은 미국 비자를 받으려면 X-레이 필름을 들고 줄을 서야만 했다. 남은 한 가지 대안은 폐 수술을 하는 수밖에 없다고 했다. 내 가슴의 반을 열어젖히고 내 폐의 일부분을 절개하는 대수술이 될 것이다. 소년 시절 엘리아 카잔에게서 얻은 '아메리칸 드림'이 산산이 깨질지도 모른다. 더 이상 수술을 지체할 수는 없었다.

캘빈 대학의 '탁월한 졸업생'

나는 나대로 '아메리칸 드림'을 실현하기 위하여 열심히 공부했는데, 나 말고 다른 사람이 열심히 공을 들이고 있었다. 스틴스마 내외는 영국을 경유하며 유럽여행을 하고 있었는데 그 바쁜 여행 중에도 런던에서 나의 누이 샬리를 만나고 있었다. 샬리는 영국의 부모님을 대신해서 스틴스마 내외를 만났다. 샬리를 런던에서 만난 것은 분명한데 어떤 이야기를 나누었는지는 전혀 언급하지 않았다. 다만 샬리가 몇 가지를 언급했는데, 분명하게 전해진 것은 없지만 대략 언젠가는 내가 영국에 갈 수 있으리라는 것, 그러나 미래에 대한 예측은 어려우니 더 이상 분명히 못을 박지는 않았다. 한국의 젊은이가 외국에 나갈 수 있는 길은 장학금을 얻는 것뿐이기에 나는 미국을 거쳐 영국으로 간다는 애초의 전략대로 열심히 공부했다.

런던에서 스틴스마 내외를 만난 샬리는 그때 런던 정경대LSE (London School of Economics and Political Science)에 재학 중이어서 가끔 사회정책에 관한 책을 보내주었다. 이런 책들은 대체로 미국의 영향을 많이 받아 문제를 개인의 차원에서만 접근하는 한국의 사회복지 교육과는 전혀 다른 새로운 배움의 세계에 눈을 뜨도록 했으며, 한국에서는 아직 알려진 분야가 아니었다. 나는 대학에서 공부할 때도 사회구조적인 이유로 빈곤과 실업이 발생하는데도 개인과 가족의 정신, 심리 차원에서만 사회 문제를 접근하는 것이 불만이었다. 개인의 병리 현상에 집착하는 케이스워크 방법론이 한국 사회가 당면한 많은 복지 문제에 대한 해답은 아니라고 생각했다. 전반적인 구조적 문제를 분석하고 이해할 수 있는 사회병리학적 접근이 정말로 필요하다.

 영국의 누이가 보내준 책들은 내 생각을 정리하고 미래의 연구 방향 그리고 한국을 복지국가로 발전시키는 꿈을 키우게 하는 자극이 되었다. 적어도 내가 이해하는 복지국가는 국민 중 누구 하나라도 배제되지 말아야 한다. 모름지기 복지국가는 정의, 평등, 시민으로서의 권리와 존엄성을 인정하는 동시에 온정을 잃지 않는 사회다. 그때 한국은 지금과 마찬가지로 보통 사람들이 삶의 질을 향상시키기 위하여 앞으로 나아가기에는 장벽이 높았다. 이러한 나의 생각이 하와이 대학에 원서를 낼 때 사회정책을 공부하고 싶다는 포부를 피력하게 했다. 결과적으로 사회정책 과정이 없다는 이유로 대학 입학을 거절당하기는 했지만 말이다. 세상이 얼마나 좁고 재미있는지 풍자적으로 표현하면, 런던 정경대에서 사회정책의 대석학인 티트머스 교수에게서 강의를 들을 때 나중에 미국의 사회정책을 이끌어갈 교수들과 한 강의실에서 공부하게 되었다. 여러 교수들이 생각나는데 그중 유명한 교수 마틴 레인 Martin Rein도 있었다.

 말할 것도 없이 스틴스마 내외는 한국의 장애인 사업을 이끌어가느라 상당히 분주했을 것이다. 그런데도 그들은 항상 내 삶의 한가운데서 내 삶을 가지고 마치 체스를 두듯 전략적으로 나를 이곳저곳에 옮겨놓으면서 주도했다. 영국의 부모를 만난 것, 적십자 병원의 결핵 치료, 영국 외교관 크리스틴과의 즐거운 시간, 러트 신부님과의 여름 보내기, 그랜드래피즈의 골든 레이디스 클럽, 나의 평생 스승이 된 거창고등학교 전영창 교장선생님을 만나게 한 것 등이 모두 그렇다. 스틴스마 내외는 실로 날아다니는 네덜란드인이었다. 그들은 다른 사람들을 위해서도 아주 바쁘게 움직였을 텐데, 나는 그중에도 특별한 관심 대상이라고 생각했다. 나는 때때로 나 혼자서 이 무거운 삶의 짐을 이겨내야 하는가 싶어 슬픔에 잠기기도 했다. 그러나 오늘 내가 여기에 이르도록 내 삶의 여러 부분에서 일역을 맡아준 스틴스마 부부와 그 외 여러분에게 감사한다.

한번은 은퇴 후 폐암으로 투병하는 스틴스마 씨를 만나러 그랜드래피즈에 갔다. 그는 암 투병 중임에도 그가 매일 오르는 산책길의 언덕, 그가 묻힐 묘지 등 여러 곳에 나를 데리고 다니고, 캘빈대학에서 특강을 할 수 있도록 주선하기도 했다. 내가 한국 사람들이 이 미국 땅에서 얼마나 야심차게 열심히 살고 있는지를 주제로 쓴 〈LA Times〉에 기고할 영문 원고를 보여주었더니, 한국 사람들을 동양의 유대인이라 하지 말고 '동양의 네덜란드인'이라고 고쳐 쓰도록 했다. 그가 볼 때는 한국인의 기질이 네덜란드인과 너무 흡사하다는 것이다. 그분은 네덜란드 이민 3세이기 때문에 그 말이 의미하는 내용을 분명히 알 것이다.

내가 캘빈 대학을 방문하는 동안, 대학의 한 인사가 찾아와 현재 '탁월한 졸업생'을 선발하고 있는데, 스틴스마 씨에 대한 추천서를 써줄 수 있겠느냐고 부탁했다. 나는 스틴스마 부인이 가르쳐 준 수려한 필치로 곧장 추천서를 작성했다. 여러 이야기 중에서도 스틴스마 씨의 현대적 재활 기법으로 혜택을 받은 한국 사람이 수천 명은 되지만 그들은 모두 다 영어로 감사 표현을 할 수가 없다. 그러므로 내가 그들을 대신하여 감사 인사를 한다고 했다. 그 후 2000년에 다시 이 대학을 방문했는데, 이제 홀로 남은 스틴스마 부인이 나를 대학에 데리고 가서 아주 특별한 진열관에 내가 쓴 추천서가 들어 있는 것을 보여주었고, 스틴스마 씨는 그해에 캘빈 대학의 '탁월한 졸업생'으로 선발되었다고 알려주었다. 이러한 그의 영광에 나도 어느 정도 기여했다고 확신한다.

영국 유학 생활

런던 정경대 학생이 되다

나는 1969년 9월 17일 영국으로 유학을 떠났다. 오랫동안 '아메리칸 드림'에 집착해왔는데, 지금 미국이 아닌 영국으로 향했다. 김포공항에서 몇몇 친구들의 환송을 받은 후 기내로 들어가 좌석에 앉았다. 그런데 갑자기 소리 없이 흐느껴 울기 시작했다. 여기까지 올라오며 겪은 지난 수년간의 일들이 머리를 스쳤다. 내가 지금 런던으로 가는 비행기 안에 있다는 사실을 믿기가 어려웠다. B.O.A.C. 영국 항공은 도쿄, 홍콩, 카라치, 로마, 프랑크푸르트를 거쳐 히스로 공항에 도착했다. 9월 18일이었다.

이틀 후 나의 영국 아버지는 그분이 근무하는 런던 성바돌로매 병원으로 나를 데려가 긴 여행 때문에 생긴 내 목의 통증을 검사

했다. 병원 검사가 끝난 후 나의 누이가 사전에 약속해둔 면접을 위해 함께 런던 정경대LSE로 갔다. 우리를 맞아준 피터 하지 교수는 그의 질문에 대한 나의 대답을 관심 있게 들어주었다. 한국의 자원봉사 활동에 대한 글을 써보라고 한 시간을 주었다. 내가 한국의 자원봉사 활동에 대해서 아는 게 있던가? 나중에 그의 연구실에서 차를 한잔 하자고 했다. 그러고는 나에게 다음 월요일부터 학교에 나오라고 했다. 입학 허가서를 가지고 학생비자를 얻는 등 준비를 하는 데 하루 이틀을 보내면 9월 25일이 될 것이다. 모든 일이 번개처럼 진행되었다. 집으로 가는 길에 아버지가 채링크로스 역에서 정기권을 사주셨다.

영국에 도착해 본격적으로 세븐오크스에서 채링크로스 역으로 가 유서 깊은 스트랜드를 거쳐 런던 정경대학을 다니는 데 일주일이 걸렸다. 한국의 젊은이가 출근하는 영국의 사업가들과 함께 출퇴근을 하다니 얼마나 크나큰 변화인가? 짧은 며칠 동안의 엄청난 변화에 따른 감정을 모두 정리하여 쓰자면 너무 길어질 것이다.

아직 제대로 정신을 차리지 못한 채로, 그리고 대단히 얼떨떨한 상태로 이곳저곳 강의실들을 기웃거렸다. 차차 처음의 혼란을 이기고 강의 프로그램과 도서관을 제대로 이용하기 시작했다. 몇몇 학생의 친절한 도움도 고마웠는데 영국 발음에 익숙해지는 것은 참으로 힘들었다. 매일 새벽 2시가 넘어서 침실에 들었고 아침에는 6시에 일어나야만 7시 기차를 타고 등교할 수 있었다.

강의의 요점을 따라잡기 위해 상당한 양의 독서를 해야 했고, 침묵만 지키지 않고 개인 지도 시간에 토론에 잘 참여할 수 있도록 질문을 따로 준비해야 했다. 거의 모국어 수준으로 토론에 임하는 아프리카나 인도 학생들의 질문은 유치하다는 생각도 들었다. 나는 동양에서 온, 모든 것을 다 알고 있는 학식 많은 선비처럼 무관심한 듯 그들을 바라보기만 했다. 그러나 마음속으로는 나도 적극적으로 참여해서 질문도 하고 다른 학생들의 코멘트에 반론을 제기하고 싶었다.

강의실 벽마다 나붙어 있는 모택동과 김일성의 포스터는 나에게 상당한 위압감을 주었다. 그리고 학생들이 강의실과 튜토리얼 토론에서 아주 자유롭게 사회주의와 사회주의자들에 대해 이야기하는 것을 듣고 얼마나 당황했는지 모른다. 나야말로 냉전의 산물이며 한국에서 철저히 반공교육을 받은 사람이 아닌가! 혹시 한국의 중앙정보부 요원이 내가 여기서 사회주의와 공산주의 지지자들과 어울려 다니는 것을 보지 않을까 하는 염려도 들었다. 나는 하도 걱정스럽고 혼란스러워서 에티오피아에서 온 동료에게 사회주의가 도대체 무엇이냐고 물어보았다. 그는 아주 여유 있는 태도로 "사회주의는 마음의 자세일 뿐, 그 이상의 것은 없다."고 했다. 사회주의에 대한 나의 이해를 넓혀주기에는 조금 부족했지만 내가 허우적거리며 공부하던 시절 그는 나의 친한 친구가 되었다. 2013년 NGO 일을 하면서 에티오피아를 방문했을 때 그 친구를 수소문해보고 싶었지만 너무 막연해서 포기했다. 어쨌든 영국 노동당의 사회민주주의 정책을 의미하는 사회주의를 이해하는 데는 제법 시간이 걸렸다.

나를 더욱 놀라게 한 것은 한눈에 봐도 히피 같은 긴 머리와 턱수염에, 청바지를 입고 가죽 구두를 신은 교수들이 교단에서 강의하는 모습이었다. 당시 그런 모습으로 한국에 입국하려면 공항에서 머리와 수염을 자르도록 강요받았을 것이다.

나는 조금씩 내가 몸담고 공부하게 된 대학의 지적, 학문적 위상에 대해 깨닫기 시작했다. 이 대학은 당대에 일곱 아프리카 국가의 수상을 배출한 것을 자랑스러워했다. 또한 차츰 유명한 페이비언 협회Fabian Society와 이 협회를 이끌어간 초기 창시자들, 예를 들면 웨브 부부Sydney and Beatrice Webb, 그레이엄 월리스Graham Wallace, 그리고 유명한 문필가인 버나드 쇼Bernard Shaw도 이 협회와 LSE의 발전을 위해 괄목할 만한 역할을 했다는 사실을 알게 되었다. 또한 영국 노동당도 이 협회의 이념에 따라 점진적이고 민주적인 사회개혁을 추구하는 정당으로 태어났음을 알게 되었다.

나중에 대학교수로서 성장하는 데 이 대학에서 받은 지적 영향은 참으로 컸다. 나는 상당한 양의 독서에 파묻혔고 특히 페이비언 협회를 이끌어간 웨브 부부, 버나드 쇼 등의 저술을 탐독했다. 그러던 중 나의 초기 지적 멘토가 된 역사가이며 사회주의자인 토니R. H. Tawney를 알게 되었다. 그의 《취득본능사회Acquisitive

Society》와 자서전은 특별한 감명을 주었다. 또한 마치 지적 보물창고 같은 대영박물관의 책들을 발견했으니 내가 책벌레가 되어버린 것은 하나도 놀라울 일이 아니다.

채링크로스가의 고서점들

이제 점점 런던과 주변의 생활에 익숙해지면서 매일 LSE에 등교하는 것이 즐거움이 되었으며 틈틈이 트래펄가 광장, 국립미술관, 오페라의 전당 코벤트 가든, 피커딜리 서커스, 수없이 이어지는 고서점들을 찾아다녔다. 나는 항상 채링크로스 역을 오갈 때 다른 골목길을 택해 색다른 풍치들을 즐겼다. 영국에 관한 많은 책에서 읽은 것처럼 그저 모든 것이 역사적이었다. 나는 자주 다음 기차를 기다리면서 국립미술관에서 명화 감상에 심취하기도 했다. 지금도 그렇지만, 대부분의 박물관이나 미술관은 무료입장이어서 얼마나 다행이었는지 모른다. 유명한 피커딜리 서커스에는 젊은이들이 많이 모였는데 내 눈에는 모두 히피나 약물중독자 같았다.

주변의 건물들도 마음에 들었지만 무엇보다도 채링크로스 도로변을 줄줄이 메우고 있는 고서점들을 보는 것이 즐거웠다. 몇 년 후에 안소니 홉킨스와 앤 밴크로프트가 주연한 영화 〈채링크로스 84번지〉가 개봉했다. 나는 영화 속의 거리를 아주 친숙하게 따라 걸을 수 있었다. 고서점들이 진열해놓은 책들과 냄새가 좋았고 그

속에는 욕심 낼 만한 보물들도 간혹 있었다. 거기서 영국 사회학의 원조 허버트 스펜서Herbert Spenser의 《제1원리First Principle》, 헨리 메이휴Henry Mayhew의 《런던 노동자와 빈민들London Labour and London Poor》을 발견하고는 즉석에서 구입해 손에 넣었다. 나중에 나는 조지 오웰George Orwell을 탐독했는데 그의 깔끔하고 비판적인 문체와 사회정책 연구에 필요한 사회정의에 대한 그의 강한 의식에 끌렸다. 서적 탐색에 대한 나의 관심은 맨체스터 대학 시절, 특히 도시 개발이 한참 진행되던 솔퍼드 시에서도 이어졌고 관심 영역도 문학을 포함해 큰 폭으로 넓어졌다.

  나는 먼지가 수북이 쌓인 고서점을 헤매고 다녔고 책방 주인들을 만나는 것을 좋아해했다. 나는 그들이 아주 특별한 사람들이라고 생각했다. 생각이 올바르다면 급여를 보고 책방을 운영하지 않을 것이며, 이윤이 쥐꼬리만 한 것을 잘 알면서도 책방을 소유하려고 하지 않을 것이다. 이것은 내가 그들에게서 직접 들은 이야기다. 그러니까 책방을 찾는 사람들을 반기고, 책 읽는 것을 좋아하기 때문에 책방 문을 열어놓는 것이다. 방학이 되어 세븐오크스에 가서는 주로 희귀본을 찾아내거나 값싼 책을 구하러 옥스팜 헌책방을 드나들었다. 나는 한때 귀국하면 옥스팜 같은 자선단체를 시작해보고 싶다는 강한 의지가 있었으나, 본의 아니게 귀국을 못 하게 되어 실현되지 않았다.

책벌레

내가 주로 관심을 가진 책들은 사회주의에 관한 것이었고, 주로 손에 넣은 책들은 버나드 쇼, R. H. 토니, 러스킨, 그리고 한때 미국 좌파운동의 선두에서 활약한 마이클 해링턴 등이었다. 해링턴의 《또 하나의 미국The Other America》은 케네디 대통령에게 감명을 주어 미국의 빈민을 대상으로 한 여러 프로그램을 도입하게 했다. 그중 하나가 잘 알려진 '세서미 스트리트Sesame Street'다. 그러나 글로벌화가 심화되면서 사회를 개선하려는 진보적인 생각들은 자본의 세력에 자리를 물려주게 되었다.

내가 처음 사회주의 사상에 관심을 갖게 된 것은 복지국가의 이념과 이에 따른 사회의 취약계층을 대변하면서 평등한 사회와 정의실현을 주장했기 때문이다. 적어도 내가 생각하는 복지국가는 우리가 과거에 생각하듯 단순한 소득의 재분배보다는 기회의 재분배가 실현되어야 한다. 복지사회에서는 어느 누구 하나 소외되거나 박탈당하지 않고 민중의 정의, 평화, 사랑, 인간의 존엄성과 권리가 보장되어야 한다. 불행히도 한국 사회는 아직도 안정된 삶의 기반을 갖추기 위해 어려운 장벽에 부딪히는 민중이 많은데도 최근에 와서는 복지국가를 포퓰리즘과 무료 서비스쯤으로 간주해버린다. 실제로 나는 국가나 관료가 모든 것을 담당하여 시민을 분열시키는 '복지국가'보다는 참여와 협력이 주축을 이루는 시민이 중요한 역할을 담당하는 '복지사회'가 더 바람직하다고 생각한다. 내가 영국에서 공부할 당시는 전 서유럽에 사회민주당 정권들이 비약하는 시기여서 사회민주주의의 이상에 관심을 갖기도 했지만, 아마도 한국에서 발생하는 정치, 사회 현상과도 관계가 깊었을 것이다. 동시에 나는 아주 열정적인 목표를 지닌 젊은이여야 했다.

나는 점점 책 중독자가 되어간다는 생각을 하면서도 한국에 돌아가 연구생활을 하려면 전공 서적들을 부지런히 모아야 한다는 변명으로 나를 위로했다. 그런데 책값이 어찌나 비싸던지! 나의 영국 부모님은 나에게 한 달 용돈으로 30파운드를 주셨다. 그 용돈의 반으로 기차 정기권을 구입했고, 차나 점심을 사먹는 일이 없기 때문에 부족한 용돈은 아니었다. 나는 항상 집에서 먹다 남은 찬장의 음식으로 손수 샌드위치를 만들었다. 책을 사기 위해서는 돈이 더 필요하다고 생각했기 때문이다. 어떤 때는 길바닥에 떨어진 동전을 찾으려고 고개를 숙이고 길거리를 걸을 때도 있었다. 그런데 단 한 번도 그런 행운은 없었다. 나도 돈을 잃어버리지 않지 않는가!

한국을 떠나기 전 친구의 아버님이 급한 일이 있을 때 사용하라면서 아주 무거운 금반지 하나를 해주셨다. 그것은 만일의 경우에 사용할 수 있는 유일한 재산이었다. 어느 날 이제는 그 금반지를 팔아야 할 때가 왔다고 생각했다. 그래서 스트랜드 거리에 있는 한 보석상으로 들어가 반지를 내놓으며 팔고 싶다고 했다. 중

년의 점원은 확대경까지 꺼내들고 조심스럽게 금반지를 살펴보았다. 그러더니 내 반지에는 '24k'라는 인증이 되어 있지 않다며 한참을 주저하더니 3파운드를 주겠다고 한다. 나는 그것이 틀림없이 순금이라 생각해 최소한 30파운드는 받을 수 있을 거라고 기대했는데 겨우 3파운드라니! 나는 얼른 반지를 돌려받고 나와버렸다. 며칠 후에 그 반지가 내 손가락에는 너무 크다면서 아버지께 드렸다. 나는 그분이 항상 그 반지를 끼고 계신 것을 보았다.

철학자 정원사

금반지를 팔아서 책값을 마련하려던 희망찬 계획은 수포로 돌아갔으나 가끔 베이비시터로 일해서 돈을 조금 모을 수 있었다. 그 무렵에 나는 정원 일을 취미로 삼기 시작해서 잔디도 깎고 퇴비를 옮겨 뿌리기도 했다. 그러다 우리 집 정원사 톰과 친해졌다. 그는 아주 나이가 많아 시력이 나빠졌는데 일주일에 두 번씩 우리 집에 와서 정원 일을 했다. 그는 혼자 사는 듯했으며 저녁에는 마을 펍에서 바텐더로 일했다. 그가 일하는 날에는 내가 손수 차를 만들어 비스킷과 함께 주었다. 우리 집 정원에는 장미와 사과나무가 꽤 많았는데, 나중에 톰과 친해진 뒤 그에게 장미며 과일나무 등을 전지하는 방법을 가르쳐달라고 했다.

이 무렵 나는 집안에서 '철학자 정원사'라는 별명을 하나 얻었다. 나는 한 번도 정원 일을 시간낭비라고 생각한 적이 없는데, 정원 일을 하면서 내 논문에 몰두해 있거나 읽은 책들을 머릿속에서 재정리하고 또는 제출해야 될 과제물의 초안을 구상하기도 했다. 정원 일을 하면서 이미 읽은 독일 작가 헤르만 헤세Herman Hesse의 작품들, 예를 들면 《데미안》, 《싯다르타》, 그리고 나중에 런던에서 읽은 《유리알 유희》를 생각하곤 했다. 내가 성장할 때 한국은 가난한 나라였으나 그래도 헤세, 릴케, 괴테 같은 유명한 작가들의 작품을 읽을 수 있었고 헌책방에서 이런 책들을 만나는 것은 어려운 일이 아니었다. 우리가 특히 독일의 문학 세계에 접할 수 있었던 것은 독일을 숭배하던 일본 식민지주의자들의 영향이었을 거라는 생각도 든다.

세븐오크스의 우리 집 옆에는 높은 엘리자베스 장미 울타리로 장식한 방갈로에 연로한 부부가 살고 있었다. 우리는 가끔 가벼운 인사를 나누는 정도였는데, 하루는 부인이 아주 힘들게 정원 일을 하고 있는 것을 보았다. 나는 인사를 건네며 좀 도와주겠다고 했다. 그러자 안에 들어와 차를 한잔 하자며 초대했다. 나는 영국인이 차가 없으면 어떻게 살지 궁금해한 적도 있다. 한번은 영화에서 독일의 폭탄이 쏟아지는 아수라장인 거리에서도 영국 사람들이 시간이 되면 기필코 차를 마시는 것을 보았다. 그 당시 전쟁 피해의 참상을 다 설명할 수는 없으나 차 한잔을 피하는 일은 없었다. 그 부인과 차를 나누고 있는데 남편이 돌아왔다. 나는 이런 귀한 만남이 있으리라고는 전혀 생각지도 않았는데, 그는 영국 노동당 상원의원인 모일 경이었다. 나는 그날 모일 경 부부와 차를 나누는 행운을 얻었다. 이렇게 탁월한 영국 정치인을 아직 만난 적이 없었다. 나는 그들의 요청을 받아 정기적으로 장미 전지, 정원의 풀 뽑기와 흙 뒤집기 등을 했고 베이비시팅보다 보수가 좋았다. 그리고 점차 그들과 친분이 두터워졌다. 우리는 정치와 정치가들에 대한 이야기를 주로 나누었다.

'사회민주주의'의 의미

어느 날 모일 경은 상원에 가서 점심을 함께 하자고 했고 나는 그곳에서 바버라 우튼Barbara Wootten 여사를 만났다. 나는 이미 그분의 명저 《사회병리학Social Pathology》를 읽었고 그 책을 갖고 있었기 때문에 아주 의미 있는 만남이 되었다. 상원의원 식당에는 LSE의 교수인 토니의 초상화도 있었다. 한번은 그가 어떤 학생과 점심을 먹는데 그 학생이 사회주의의 의미가 무엇이냐고 물었다. 그는 이렇게 대답했다. "지금 우리가 점심식사 후 맛있는 아이스크림을 즐기고 있는데, 모든 사람이 이 아이스크림을 먹을 수 있어야 한다는 것이다." 그의 저서 중에서 이 내용을 읽은 기억이 있다. 과거에 소수의 특수층만이 즐기던 것을 모든 사람이 즐길 수 있는 사회를 의미했다. 한국의 젊은이가 영국 상원을 방문해서 평소에 존경하는 학자의 초상화를 본 것은 참으로 기억에 남을 만하다. 나는 이제 모일 경의 방갈로를 수시로 드나들 수 있었다. 그는 내가 젊으니까 할 일이 많다면서 간직하던 귀한 장서를 나에게 물려주기도 했다. 내가 독일로 건너간 후에도 한동안 편지 왕래를 했다.

농장에 가서 콩을 따는 일로 책값을 벌 수 있는 기회가 주어졌다. 그 전부터 그 농장을 생각하고 있었기 때문에 자전거를 타고 가 농장 관리인에게 나를 소개했다. 나는 일을 잘할 수 있는데 손이 하나밖에 없다고 했다. 잠시 망설이더니 자기가 거절하기 전에 일을 한번 해보라고 했다. 잠시 일을 시켜본 후 그는 나에게 일을 해도 된다고 했다. 콩은 크기가 20인치 넘는 것만 따야 하고 일을 한 만큼, 곧 상여제로 임금을 주겠다고 했다. 대개 아침 6시경에 시작해서 석양이 질 때까지 무려 14시간씩이나 콩 따는 일을 했다. 어느 누구 하나 차 한잔 하며 쉬라는 말을 해주지 않고 계속 일만 했다. 한 가지 아쉬운 것은 일만 하느라고 함께 일하던 농장 노동자들과 사귀지 못했다는 것이다. 한 일주일 동안 열심히 일해서 약 40파운드를 벌었는데 책을 여러 권 살 수 있었다. 관리인은 흥미로운 사람이었는데 어찌나 엄하고 까다로운지 아주 엄한 훈육 선생님 같았다. 영국 식민지 주인들이 아마도 저렇게 엄한 노동 관리 기법을 식민지에서 사용했을 거라 생각하게 만들었다. 씁쓸한 생각이 들었다.

아내가 된 주일학교 학생

LSE에서 하지 교수의 조언으로 2년 동안 개발도상국의 사회정책에 관해 연구했다. 그 당시 한국은 개발도상국이었기 때문에 그분의 조언은 아주 적절했다. 그리고 영국문화원의 장학금을 받아서 맨체스터 대학교 석사과정에 입학했다. 그러나 그 장학금으로는 내 생활비를 충당하기 어려워 대학원 기숙사에서 생활하도록 부모님께서 재정 지원을 해주셨다. 여러 외국 학생들과 어울려서 대학원 생활을 즐겼고 게다가 기숙사 음식이 좋았다. 체중을 관리하려고 12층 도서관 층계를 걸어다녔다. 방학이 되면 기차보다 요금이 저렴한 그린라인 버스를 타고 세븐오크스 집으로 갔다. 나는 이때쯤 이미 서울에 돌아가서 대학교수가 되기로 작정을 했다. 언제 다시 유럽에 올 수 있을지 모르기 때문에 유럽여행도 해야겠다고 생각했다.

나는 특별히 독일에 가고 싶었다. 고등학생일 때 학교 부설 주일학교에서 교사를 한 적이 있는데 이것이 인연이 되어 미래의 아내인 강영숙을 만났기 때문이다. 물론 고등학생인 내가 초등학교 학생에게 연정을 품었을 리는 없다. 그녀는 한국에서 간호학을 공부하고 경제개발이 필요한 조국을 위해 파독 간호사로 독일에 와 있었다. 한번은 영국에 휴가를 와서 런던의 국립미술관을 방문했는데 그곳에서 런던 정경대에 다니는 한국 유학생을 만나게 되었다. 그녀는 그 유학생에게 혹시 '김형식'이라는 학생을 아느냐고 물었고, 그는 기꺼이 호텔 전화번호를 받아 나에게 알려주었다. 그래서 옛날 주일학교 학생을 만났고, 새들러스 웰스 극장에서 오페라 〈러시아의 마지막 황제 니콜라이 2세〉를 관람했다.

그녀는 독일로 돌아갔고, 나는 한국으로 돌아갈 준비를 하고 있었다. 나는 일단 백팩 차림으로 유럽의 여러 나라를 돌아보기로 했다. 하리치에서 배를 타고 네덜란드로 건너가 며칠을 보낸 후 강영숙이 근무하는 병원이 있는 독일 루트비히스부르크로 갔다. 우리는 뮌헨 등 여러 곳을 함께 여행하며 그곳의 간호대학 동기인 친구들도 만났다. 그다음으로 방문한 곳이 잘츠부르크인데, 내가 좋아하는 모차르트의 생가를 방문하는 등 실로 감격스러운 여행이었다. 함께 여행하면서 여러 가지로 그녀의 아름다운 생각, 말하는 모습, 장점들을 살펴볼 수 있었다. 아주 성숙한 여인으로 성장했다는 생각이 들었다. 며칠 동안 작은 도시인 잘츠부르크를 관광한 것이 아주 기억에 남았는데 특히 영화 〈사운드 오브 뮤직The Sound of Music〉 촬영지인 산장을 방문한 일이다. 나는 거기서 영숙에게 내가 사랑에 빠졌으니 결혼하자고 했다. 그때 영숙이 어떻게 했는지는 기억이 나지 않는다.

파리에 도착했을 무렵 나는 너무 피곤해서 더 이상 아무것도 보고 싶지 않아 잠만 잤다. 더구나 영숙에게 결혼하자고 말했으니 더 이상 내 관심을 끄는 것은 없었다. 세븐오크스에 돌아온 후

고등학교 시절 학교 부설 주일학교 교사와 학생으로 만난 인연으로 훗날 결혼하게 된 필자와 아내.

"독일에서 아가씨를 만났다."고 했더니 모두 함성을 지르며 환영했다. 곧이어 약혼 준비에 들어갔고, 6개월 후인 성탄절에 그녀가 독일에서 세븐오크스로 왔다. 이듬해인 1973년 여름 패리쉬 교회에서 결혼식을 하고 윔의 아름다운 정원에서 리셉션을 했다. 영국 부모님은 우리의 결혼이 성대하도록 가족 전임 사진사를 동원했고, 맨체스터 대학의 지도교수를 포함하여 많은 손님을 모시고 로드댄드론이 만발한 윔의 정원에서 리셉션을 했다. 누이 샬리가 지방 신문에 우리의 결혼사진이 나오도록 했고, 도로시 숙모는 아름다운 델피니움으로 화려하게 꽃 장식을 했다. 리셉션을 마치고 런던으로 가서 스코틀랜드 에든버러로 가는 신혼부부를 위한 야간 특별 열차로 허니문을 떠났다. 에든버러 역에 도착하니 리무진 한 대가 대기 중이었고 편하게 클리프 호텔로 갔다.

특별히 고급 여행이 아닌 패키지여행이었고 스코틀랜드를 택한 것은 거친 바위가 많은 한국과 흡사했기 때문인데 남한에서 북한으로 기차 여행하는 상상도 해볼 수 있었다. 에든버러를 떠나 동해안의 도시인 애버딘과 인버네스를 방문했다.

독일로, 호주로

지금부터는 한국으로 돌아가려던 계획에 대해 이야기하려 한다. 사실은 애초에 계획한 대로 일이 진행되지 않았다. 우선 결혼을 했고 런던의 병원에서 일을 시작했다. 독재정권하의 한국 정치 상황은 악화일로에 있었다. 한국의 독재정권은 민주화 인사들과 학생들을 체포 구금하고, 진보 신문들을 폐간시켰다. 상황은 참담해지기만 했다. 가끔 악몽을 꾸었는데, 서울에 돌아가서 귀국한 것을 무척 후회하는 꿈이었다. 게다가 한국의 대학에서는 와도 된다는 연락이 오지 않았다. 기다리고 기다리던 중 여행 중이시던 그 대학의 교수님이 내게 귀띔을 해주었다. 대학의 분위기는 아무래도 장애인을 교수로 위촉하는 것을 부담스러워한다는 것이었다. 좋다, 옛날 선비들도 10년을 공부해야 선비가 될 수 있다고 했는데, 나도 공부를 좀 더 하고 박사학위도 받은 후 귀국하기로 마음먹었다. 일단 귀국한다는 생각은 접어두기로 했다. 런던 병원에서 받는 급여로는 결혼생활을 하고 공부를 계속하기에는 부족했다. 그래서 독일의 아내와 합류해야겠다고 진지하게 생각해보았다. 독일의 대학은 등록금 부담이 없었다.

결혼한 후 아내는 독일로 돌아가서 프랑크푸르트 근처의 도시인 오펜바흐로 옮겨갔다. 나는 야간 버스를 타고 도버 해협을 거쳐 프랑크푸르트를 방문했다. 그녀를 만나 우리가 허니문 때 나눈, 독일에서 합류하자는 이야기를 진지하게 나누었다. 1974년 프랑크푸르트로 옮겼고 내가 가져온 많은 책들로 아내의 좁은 아파트 방을 꽉 메웠다. 우리는 하나도 불편할 게 없고 행복하기만 했다. 곧바로 프랑크푸르트 시내에 있는 어학원에 등록해 반학기 만에 겨우 입학시험을 통과할 수 있는 점수를 받아 프랑크푸르트 괴테대학에 등록했다. LSE에 입학했을 때처럼 당황하지는 않았으며 무엇을 어떻게 해야 하는지 잘 알고 있었다.

나는 오래전부터 독일에 점점 밀려드는 사회주의의 영향에 대한 대응으로 세계 최초로 사회보장제도를 도입하여 복지국가의 기반을 굳힌 비스마르크 재상을 연구하고 싶었다. 설사 그것이 보수혁명이라 하더라도. 학기가 시작되고 얼마 후 담당 교수에게 갔더니 처음 묻는 질문이 "어떤 이론으로 연구할 것인가?"였다. 나는 전혀 예상 밖의 질문에 매우 당황했다. 영국 교수들은 항상 불평등, 빈곤, 슬럼 등 현실적인 사회문제 해결에 관한 질문을 했기 때문이다. 내게 익숙한 학문적 전통과는 달랐으나 이 대학의 분위기를 좋아했다. 누가 뭐래도 이곳이야말로 저 유명한 '프랑크푸르트학파'가 태어난 곳이 아닌가! 등록금을 내지 않아도 되었고, 방학이면 외국 학생들을 모아 단체여행 프로그램을 주관하는데, 한번은 우리 부부가 베를린까지 가서 동독 국경을 넘어가 분단의 장벽을 보기도 했다.

점차로 향상되는 독일어의 묘미를 즐기면서도 아주 작은 걱정이 끼어들었다. 아내는 열심히 근무해서 내 생활과 학업을 지원했지만 앞으로 십여 년간 박사학위를 위해서 이렇게 공부만 하며 아내에게 의존할 수 없다는 생각에 초조해졌다. 이대로 '영구 학생'이 될까 봐 겁이 났다. 그래서 신문광고를 보며 대학교수 자리를 찾았다.

하루는 호주 퀸즐랜드대학교 사회정책학과에서 주니어 교수를 채용한다는 광고를 보았다. 그런데 도대체 호주가 어디에 있는 나라야? 캐나다나 미국은 알고 있는데 호주……. 호주의 백호주의 정책 등에 대해서는 읽어본 적이 있다. 그러나 나는 이것저것 따질 여유가 없고 일자리를 찾아야 했다. 그래서 곧장 이력서를 보내놓고 아내에게 두툼한 우편물이 도착하면 그것은 좋은 소식이라고 일러두었다. 정말로 몇 주 후 아주 두툼한 우편물을 하나 받았다. 교수 채용 지원에 합격했으니 런던에 있는 퀸즐랜드 대표부에 연락하여 브리즈번으로 오도록 준비하라는 내용이었다. 이삿짐 비용도 모두 대학이 부담한다고 했다. 아내는 근무하던 병원에 사표를 냈다. 호주 정부는 얼마나 후하던지 브리즈번에 도착하기 전 싱가포르와 방콕을 며칠간 여행할 수 있는 기회도 주었다.

유럽의 큰 도시들에 익숙해 있던 우리에게 브리즈번은 마치 시골 읍내 같았다. 거리 이름은 엘리자베스, 제임스, 빅토리아 같은 영국 이름이지만 도무지 영국의 도시를 닮지 않았다. 그 도시는 아열대에 속해 가까이에 열대림이 있고 호텔의 천정이나 벽에는 도마뱀이 드나들었다. 내가 성공적으로 이 직장을 얻게 된 것은 현재 홍콩 대학의 교수이며 나의 논문지도 교수였고 이제는 나의 친구가 된 피터 하지 교수가 최고의 추천서를 보내왔기 때문이라고 누군가가 귀띔해주었다. 피터 하지 교수는 '교수'라고 하지 말고 '피터'라고 이름을 부르라고 했는데, 그렇게 할 수 있을 때까지는 무려 7년이나 걸렸다. 그만큼 문화의 무게라는 것은 무거운 모양이다.

브리즈번은 우리에게 좋은 추억을 많이 남겨주었다. 이 도시에서 1975년 9월에 처음 대학 교직을 갖게 되었고 첫 아들 마틴과 딸 리아가 태어났다. 같은 해에 영국의 부모님과 홍콩의 하지 교수가 우리 집을 방문하여 며칠을 함께 보냈다. 첫 강의를 하기 3개월 전부터 녹음테이프를 들으며 초초하게 강의 준비를 하던 생각이 난다. 그런데 녹음한 내 영어 발음이 전혀 마음에 들지 않았다. 나는 런던 대학의 티트머스 교수처럼 멋진 강의를 하고 싶었다. 기회가 주어진다면 처음 내 강의를 들은 퀸즐랜드 학생들에게 이번에는 강의 노트 없이 내 강의를 반복하고 싶다. 3년 후 나는 멜버른 소재 모나쉬 대학으로, 그다음에는 퍼스에 있는 이디스 카원 대학으로 정년직을 받아 자리를 옮겼다. 그 후 1994년 중앙대학교에 교수직을 받아 한국으로 돌아왔다. 그러니까 학생으로 떠난 한국에 35년 만에 돌아온 것이다. 돌이켜보면 나는 내게 주어진 모든 가능성을 최대한 활용한 것 같다. 그것은 또한 나의 미래의 지평을 넓혀가는 과정이기도 했다.

가족 여행

마틴이 중학교를 마치던 1992년 우리는 처음으로 유럽 가족 여행을 떠나 로마, 피렌체, 파리, 독일을 거쳐 영국으로 건너갔다. 방문하는 곳마다 우리에게 추억을 안겨주었는데, 아내가 한때 근무한 적이 있는 독일의 루트비히스부르크가 특히 그랬다. 어머니처럼 아내의 보호자가 되어준 로체 부인을 만났는데 노인 연금을 꼬박 모아서 준비했을 1,000마르크를 여행비에 보태 쓰라고 주셨다. 옆집에 살고 있던 한국 분에게 혹시 로체 부인에게 무슨 일이 생기면 알려달라고 우리 주소를 남기고 떠났으나 아무런 소식도 듣지 못했다.

우리는 여행을 계속하여 1973년 내가 만난 적이 있는 파리의 이유진 박사를 만났다. 그와는 한국에 귀국한 뒤로도 계속 연락을 하던 사이였다. 그는 소르본 대학에서 공부했지만 북한 간첩이라는 혐의를 받아 파리의 유랑인이 되어 있었다. 그렇게 여러 해 동안 파리에서 공부를 했는데도 귀국하지 못한다니 안타까운 생각이 들었다. 아이들과 아내가 파리 디즈니랜드에서 하루를 보내는 동안 이유진 박사와 나는 밖에서 하루 종일 커피를 여러 잔 마셨다. 그것이 우리 만남의 마지막이었다. 나는 부패한 정치가들과 독재자를 비난하며 귀국이라는 꿈이 깨어진 이유진 박사와 나의 처지가 비슷하다고 생각했다. 나는 독재자들에 항거할 용기는 없었기 때문에 강의나 집필을 통해서만 항거했을 것이다. 나는 1984년에 대학교수 직을 받은 적이 있고 아파트를 한 채 구입하려고도 했다. 그러나 그때는 군사독재가 절정에 달했으며 이미 한 해 전에 북한에 다녀왔으니 도저히 한국에 돌아올 수는 없었다. 한국의 정보부는 나를 간첩으로 체포했을 것이다. 나는 도저히 우리 가족을 그런 위험 속에 몰아넣을 수 없었다.

다음 목적지는 영국 코니스톤으로 이번 유럽여행에서 가장 의미 있는 곳으로, 1990년 아버지가 돌아가신 후 어머니가 홀로 사시는 곳이다. 영국 부모님은 벌써 두 번이나 호주를 방문했기 때문에 아이들도 할머니를 만나서 반가워했다. 어머니는 연로하신데도 우리를 위해 영국 호수지방Lake District의 여러 역사적인 장소, 특히 마틴과 리아가 좋아할 곳을 많이 다녔다.《피터 래빗》의 작가

베아트릭스 포터의 정원, 시인 윌리엄 워즈워스 생가, 얼즈워터 등을 방문했다. 우리는 함께 집 뒤에 있는 코니스톤의 올드맨에 올랐다. 호주의 젊은 아이들이 항상 그러듯이 나중에 마틴과 리아는 각자 영국을 방문했다. 코니스톤을 좋아하는 이유 중 하나는 이곳에서 존 러스킨이 출생했고 그의 책 《나중에 온 이 사람에게도 Unto this Last》 초판을 소유하고 있기 때문이다. 아이들과 함께 그의 박물관을 방문하기도 했다.

끝나지 않은 이야기, 북한으로

자본주의 남한과 사회주의 북한의 사회정책 연구

주말마다 조금씩 연구를 하면서 박사학위 논문을 끝내려 하니 생각처럼 진도가 나가지 않았다. 강의 부담 때문에 연구를 지속적으로 하지 못하니 겨우 써놓은 챕터가 다음 학기에는 무용지물이 되어버렸다. 병원 근무로 지친 아내가 주말에는 내가 아이들을 보살펴주기를 원해서 주말에는 연구하기가 어려웠다. 마틴과 리아는 벅찰 만큼 활달하게 잘 놀았다. 마치 신용카드가 필요하듯 내게는 학위가 반드시 필요했다. 결국은 대학에서 장학금을 받기로 한 뒤, 교직을 그만두고 학위논문에 전념하기로 했다.

그런데 논문의 주제를 무엇으로 하지? 박사논문으로 독창적인 주제를 선정해 연구한다는 것이 생각처럼 쉽지 않았다. 오래전부터 마음에 품어둔 주제가 하나 있는데, 그것은 나의 학문이 나의 조국 분단된 한반도의 통일에 기여해야 한다는 것이었다. 그러나 한국을 주제로 한 논문은 여러 난관에 부딪힐 가능성도 있었다.

영국이나 미국의 석학들은 자유롭게 북한을 연구하는데, 한국 학자라고 해서 북한 연구에 참여할 수 없다면 정말 말도 안 된다고 생각했다. 독일 정부는 냉전이 고조에 달했을 때도 동독 전문가들을 키워내지 않았던가! 실제로 독일에 있는 동안 이러한 전문가 몇 분을 만난 적도 있다. 적어도 나에게는 북한 연구가 학문의 자유에 관한 것이지만 한국은 반공법 때문에 그러한 자유를 즐길 수 없다. 내가 구상하는 논문은 사회정책 발달에서 사회주의 북한과 자본주의 남한이 어떻게 다른지 비교 분석하는 것이었다.

나는 이미 정책 비교 분석론에 관한 논문을 낸 적이 있으므로 이론적 틀을 구상하는 것은 비교적 무난했다. 그러나 가설을 증명할 실증적인 자료를 구축하는 것이 난제였다. 물론 한국의 자료들은 쉽게 접근할 수 있으나 이 세계에서 가장 접근하기 어렵다는 나라 북한의 자료는 어떻게 구할 것인가? 나는 당시 한국인으로서는 감히 생각하기 어려운 일을 하기로 마음먹었다. 직접 북한으로 들어가는 것이다!

극비 연구

상당한 주저와 두려움을 감내하며 나는 캔버라 주재 한국대사관을 접촉해 북한을 주제로 연구할 생각이라고 말했다. 국가 안전을 담당하는 대사관 직원에게서 나중에 통일원 장관이 된 임동원 대사가 허락했다는 연락이 왔다. 한국 직원은 이 일을 아주 극비로 하며 아무에게도 얘기하지 말라고 했고, 싱가포르 주재 북한대사관에 비자 요청을 해보라고 했다. 나는 곧바로 북한대사관에 편지를 보냈고 1983년 봄에 평양을 방문하라는 편지가 왔다.

얼마 후 북한대사관에서 연락이 왔는데, 그들이 제시하는 오스트리아 빈 호텔에 투숙해서 연락을 기다리라고 했다. 그렇게 해서 나는 북한으로 가게 되었다. 그곳에서 무엇이 기다리는 줄도 모르고. 내가 북한 연구여행을 실천으로 옮기도록 뒤에서 내내 성원해준 아내에게 감사하고, 어떤 때는 오히려 그녀가 나보다 더 용감했다는 생각도 한다. 빈 공항까지는 무사히 도착했는데 하도 정신이 없어 그때 묵은 호텔 이름도 생각이 나지 않는다. 관광은 꿈도 못 꾸었다.

이틀이 지난 후 다음 날 아침 여행할 준비를 해놓고 기다리라는 메모를 받았다. 친절한 중년 남자가 찾아와서 자기 승용차인 볼보에 타라고 했다. 여기서 육로로 슬로바키아까지 간 뒤 거기서 모스크바행 비행기를 탈 거라고 설명해주었다. 그러고는 가방에서 조선민주의의공화국 여권을 내놓으면서 이 여권을 사용하고 호주 여권은 가방 밑에 숨겨두라고 했다. 나는 속으로 소리쳤다. '이건 아니다. 나는 호주 시민으로서 만일의 경우를 위해 호주 여권에 모든 것을 걸고 있었는데!' 나는 호주 여권에 나의 안전과 나의 모든 것을 맡기고 있었다. 그는 빙그레 웃으면서 사회주의 국가들을 통과하려면 자본주의 여권이 아주 불편하다고 했다. 나는 이처럼 황망한 순간에는 어떻게 해야 하나 잠시 망설였다. 여기에서 모든 것을 포기하고 호주로 돌아가버릴까 하는 생각도 했다. 북한 여권을 가지고 여행하는 것은 생각해보지 않은 일이라 나는 판단력을 잃고 말았다. 잠시 기도를 하면서 시편 23편을 속으로 암송했다.

"여호와는 나의 목자시니 내게 두려울 것이 없도다. 내가 음침한 사망의 골짜기로 다닐지라도 해를 두려워하지 않을 것은 주께서 나와 함께하심이라. 주의 지팡이와 막대기가 나를 안위하시나이다."

이렇게 기도를 마치고 잠시 후 하나님께서 나를 보호하시리라는 확신을 가지고 호주 여권을 가방 밑바닥에 숨겼다. 아마도 이것이 북한을 방문할 수 있는 처음이자 마지막 기회일 것이다. 학위가 중요한 만큼 이만한 위험은 가치가 있으니 당연히 감수해야 한다고 자신을 타일렀다. 빈에서 슬로바키아까지는 하루 종일 여행한 것 같다. 늦은 오후가 되어서야 브라티슬라바라는 작은 도시에 도착했다. 호텔도 아니고 여름 캠프장 같은 곳에서 하룻밤을 잤다. 나는 사회주의 국가 사람들은 어떻게 생겼고, 어떻게 사는지 궁금해서 길거리로 나서보았으나 막상 거리에는 사람들이 별로 없었다. 우리가 캠프장 같은 외진 곳에 머물고 있기 때문일까? 하는 생각도 들었으나, 내가 본 도시의 한쪽은 온통 스산하고 황량하게만 보였다. 밤새도록 숲속의 모기들에게 쫓기던 기억만 생생하다.

다음 날 아침 모스크바행 비행기를 탔다. 완전히 시간 감각을 잃어버려 얼마나 비행을 했는지도 기억이 안 난다. 소문으로 듣던 대로 소련 공항 검색대는 아주 엄격했다. 소련군 복장을 한 검색원이 내 북한 여권을 30분쯤 뒤적이며 살펴보았다. 마치 나를 고문이라도 하듯이 한 마디 말도 없이 가끔 나를 아래위로 훑어보면서. 그러고는 고개를 들고 내 여권에 사인을 하라고 했다. 하도 황당해서 여권을 받고 사인하는 것도 잊어버렸다. 그만하길 다행이었다. 자본주의 여권 소지자들처럼 옷을 다 벗고 수색당하지는 않았으니. 밖으로 나가니 나를 기다리는 사람이 있었다. 빈에서 모스크바까지 동행한 그 사람은 작별인사를 할 겨를도 없이 어디론가 사라져버렸다. 고맙다는 인사를 할 기회도 주지 않았다. 모스크바 공항 근처를 거의 다 뒤덮을 만큼 북한 사람들이 한 장소에 이렇게 많이 왕래하는 것을 본 적이 없기 때문에 그들의 모습을 보자 두렵기까지 했다. 마치 내가 LA 공항에라도 와 있나 하는 착각이 들 정도였다. 어찌나 두려운 생각이 들던지 그들은 마치 바다에서 나를 둘러싸고 있는 상어 떼 같았다.

공항 밖에서 만난 사람이 나를 어느 곳으로 데려가더니 독방을 하나 주었다. 나중에 알았는데 12층짜리 그 건물은 '대중탕'이라 부르는 곳으로, 북한에서 모든 건축 재료를 가져와 지은 것이다. 이 건물에는 소련 주재 북한대사관, 학교, 병원, 영화관, 숙박시설 등이 있어서 조선항공의 승무원들도 이곳에서 체류했다. 북한 사람들은 손수 북한의 건축 자재를 가져와 이 건물을 지은 것을 대단히 자랑스러워했다. 굉장히 애국적인 이야기로 들리기도 하지만, 현지에서 건축 재료를 매입하는 것보다는 비용이 훨씬 적게 들었을 것이다. 귀한 외화를 절약하기 위해서 그랬다고는 절대로 실토하지 않을 것이다.

북한 연구여행

평양행 비행기는 일주일에 한 번 목요일에 있으니 이틀을 더 기다려 한다는 전갈이 왔다. 식사 때가 되니 밥 한 상이 들어와 나 혼자 식사를 했는데 그 평범한 밥상은 내가 남한에서 대하던 것과 똑같아서 아주 친근하게 느껴졌다. 시간이 좀 지나자 용기가 나서 조심스럽게 창밖을 내다보았고 나는 건물의 7층쯤에 있다고 생각했다.

정신을 좀 차리자 불안하고 초조해져 마치 프란츠 카프카의

《심판》에 나오는 인물의 처지와 비슷하게 되어갔다. 잿빛 복장을 한 많은 사람들이 분주히 오갔는데 자세히 보니 모두 노트북 같은 걸 팔에 끼고 큰 강당으로 향했다. 마치 수요일 저녁 예배를 드리러 성경과 찬송가를 들고 가는 한국 교인들의 모습을 연상시켰다. 나는 그들이 소위 '사상교육'을 받으러 모이는 거라고 생각했다.

다음 날 아침 안내인이 나타났는데 마치 레슬링 선수 같았지만 매우 친절했다. 그가 오전에는 붉은 광장에 있는 레닌의 묘를 방문하자고 제안했다. 환율이 더 좋은 암시장에서 내 미화를 루블로 교환해주었다. 막상 레닌의 묘에 도착해 보니 참배객이 어찌나 길게 줄서 있는지 오전 내내 기다려야 할 것 같았다. 그런데 안내인이 외교관 신분을 발휘해 줄을 서지 않고 곧바로 묘지 안으로 들어갈 수 있었다. 사실 레닌의 묘 자체는 호기심을 갖게는 했지만 내게 큰 감동을 주지는 않았다. 그러나 근처의 러시안 식당에서 먹은 점심은 기억에 남을 만하다. 특히 그 유명한 어니언 수프와 함께. 그곳에는 몽골인처럼 보이는 체격 좋은 동양인들이 왼쪽 가슴에 러시아 훈장을 주렁주렁 달고 점심을 즐기고 있었다. 러시아 또한 다문화 사회임을 알게 되었다.

붉은 광장에 나서니 곳곳에 사람들이 모여 있었다. 호기심에 이끌려 가보니 수단 좋은 장사꾼들이 샴푸, 치약, 스타킹, 오렌지, 청바지, 각종 액세서리를 팔고 있었는데, 사람들은 물건을 자세히 보지도 않고 무조건 돈을 주고 손에 잡히는 물건을 샀다. 보기 드문 광경이었는데, 러시아에는 생활필수품이 귀하다는 것을 오래전에 읽은 기억이 났다. 또한 70여 년간 공산주의 정권이 집권했는데도 광장과 시내 곳곳에는 러시아 정교이기는 하지만 기독교 문화의 흔적이 산재해 있었다.

2014년 부활절 연휴 때 UN 위원회 회의가 없어서 유럽의 음악 수도인 빈에 갈 수 있었다. 나는 빈 시의 즐비한, 대조를 이루고 있는 르네상스와 고딕 건물을 쳐다보는 데 도취했다. 이 도시야말로 얼마나 유명한 음악가들의 이야기가 무르익는 곳이던가. 불행히도 그렇게 많은 명곡을 남긴 천재 작곡가 모차르트가 말년에 빈털터리가 되어 이 세상을 떠나다니! 관광버스를 타고 시내를 돌고 있는데 크루즈를 타고 다뉴브 강을 거슬러 올라가 슬로바키아에 갈 수 있다는 안내원의 말에 나는 귀를 쫑긋 세웠다. 두 시간 정도 강을 거슬러 올라가면 슬로바키아의 수도 브라티슬라바에 도착한다고 했다. 빈에서 브라티슬라바까지는 자동차로 한 시간 반 정도, 브라티슬라바에서 비행기를 타면 모스크바까지 2시간 정도 걸린다고 했다. 그런데 1983년 당시 여행 때는 그렇게 멀기만 하고 생소한 길이었다. 아마도 너무 초조하고 걱정이 많아서 시간과 거리 감각을 잃어버렸을 것이다. 나는 곧바로 관광버스에서 내려 왕복표를 끊었는데, 다뉴브 강을 거슬러 올라가는 여행이 이렇게 아름답고 낭만적인 추억이 될지 몰랐다. 비록 요한 슈트라우스의 왈츠

30여 년 만에 다시 온 브라티슬라바.

〈아름답고 푸른 다뉴브 강〉이 없다고 해도. 나는 작지만 매혹적인 도시 브라티슬라바 시내를 열심히 관광했다. 행여나 내가 묵었던 곳을 지나게 될까 하는 기대에서. 그러나 소련 공산체제가 붕괴하면서 슬로바키아는 체코와 분리되었고 동시에 유럽연합에 가입했다. 나로서는 이 도시를 다시 한 번 방문함으로써 내 기억 속에서 지우지 못한 오랜 숙원을 풀었다.

장애인이 하나도 보이지 않는 거리

나는 북한의 공식 비행기인 조선항공 여객기 안으로 들어섰다.

누군가가 얘기해준 대로 아예 좌석제도는 없었고 옛날 영화관에 가듯 아무 자리나 맘에 드는 곳에 앉으면 되었다. 사회주의식이라고 한다. 여자 승무원들이 셀로판 종이로 싼 사탕을 바구니에서 꺼내 나누어 주었다. 평양 공항에 내려서 세관을 통과하는 것도 문제가 없었다. 어느새 나를 관리하는 요원이 재빠르게 따라붙었기 때문이다. 그래도 저 작은 비행기가 시베리아 벌판을 가로질러 날고, 도중에 시베리아의 수도 이르쿠츠크에 도착해 주유 공급을 받았다. 다른 지역으로 여행하기 위하여 길게 줄서서 기다리는 승객들을 보았는데, 그들은 하나같이 지쳐 있었고 누더기 같은 두꺼운 옷을 둘러쓰고 있었다. 그들은 모두 초췌해 보였고 카뮈의 《페스트》에 나오는 죽음의 행렬을 연상케 했다. 나는 북한 주민들도 영어 학습에 관심이 많을 거라 생각하고 한영 대역 성경을 두 권 가져온 것이 내내 마음에 걸렸다. 그들은 도착하자마자 내 북한 여권을 일단 회수했다. 나는 기념품으로라도 간직하고 싶었는데……. 내가 다시 북한을 방문하면 되돌려주겠다고 했다.

마중 나온 사람들은 나를 집이 몇 채 모여 있는 장소로 데려가서 한국식 방이 여럿 있는 집 한 채를 내가 체류하는 동안 사용하게 했다. 방안에는 침대 하나와 최소한의 읽을거리 그리고 TV가 한 대 있었다. 나는 주방 아주머니와 관리인에게 인사를 했다. 저녁에는 단출한 밥상이 들어왔다. 그런데 이 얼마나 이상하고 신기한 감각인가! 세상에서 가장 불가사의한 나라의 한가운데에서 저

넉상을 대하다니!

두 주간의 여행 일정이 그다음 날부터 시작되었는데, 운전수가 딸린 벤츠 승용차, 분명 공산당원이라고 생각되는 직원이 나의 전속 팀이 되어 나의 활동을 도와주기로 했다. 매일 담배 한 보루가 배급되었는데, 나는 운전수하고라도 좀 잘 사귀어서 내가 필요한 정보를 얻어내려고 선물로 주었다. 그러나 그에게서는 아무런 정보도 얻어낼 수 없었다. 예를 들면, 왜 길거리에 장애인이 하나도 보이지 않느냐고 물었다. 나는 북한도 남한처럼 전쟁을 치렀으니 상당수의 장애인이 있을 거라고 생각했다. 남한 사람들이 알고 있기로는 장애인은 평양 시내에 거주하지 못하도록 되어 있고, 아주 외진 산간지대의 캠프로 보낸다고 했다. 특히 지적 장애인은 적어도 2000년경까지만 해도 이러한 이야기가 파다했다. 어느 정도가 사실이고 어느 정도가 선전인지는 몰라도. 그러나 운전수가 들려준 이야기는 상이군인들이 처녀들에게 아주 인기가 좋은데 그 이유는 정부에서 받는 혜택이 많기 때문이라고 했다. 어쨌든 평양 시내에 체류하는 동안에 나는 장애인을 단 한 사람도 보지 못했다.

평양 여행

북한 여행을 준비할 때 이미 북한을 다녀간 사람들이 쓴 책에서 읽은 대로, 평양 시내의 여러 건물, 기념물, 공원, 전시회장, 금으로 된 김일성 동상, 그의 출생지, 주체사상 탑, 인민대학습당, 평양의 유명한 국수집 옥류정, 국립 교예(서커스) 관람, 혁명 오페라단의 〈피바다〉 공연 등을 둘러보았다. 그러는 동안 내내 이런 생각을 했다. 언제쯤 저 김일성 동상이 파괴될 날이 올까. 그날은 반드시 우리 조국이 통일을 맞는 나라가 될 것이다.

하루는 장거리 여행을 해서 묘향산 골짜기에 위치한 국제 친선 전시관을 방문했다. 이 전시관에는 각국 수상들이 기증한 온갖 선물, 예물들이 전시되어 있었다. 비록 벤츠로 오기는 했지만 도로면이 모두 아스팔트가 아닌 시멘트 길이라 시속 60킬로미터 이상으로 달리지 못했다. 이런 중요한 여행을 할 때는 다른 부서의 고위층 관료들이 동행하기도 했다. 여러 곳을 방문하다 보면 다른 나라 방문객들도 만나게 되는데 대개는 일본에서 온 학생들이었다. 때로는 김일성 주석이 사회주의공화국을 건설하고 지상의 낙원을 이룬 것을 칭송하는 동판 기념물들을 보았는데, 대부분 아프리카와 아시아의 최빈국 대표들이 기증한 것이었다. 불행히도 그들은 거의 예외 없이 북한의 국제적 위상 제고에 도움이 되도록 재정적인 지원을 받아 이곳까지 올 수 있었던 방문객들이다. 평양 주재 외국 공관들도 외교 관계를 돈독히 하기 위하여 무료로 제공되었다. 고통받는 북한 주민을 위해 지출해야 할 귀한 예산이 어디로 새나가는지 설명해주는 한 대목이다.

또한 몇몇 집단농장과 산업시설을 방문했다. 거대한 스프링클

러가 눈길을 끌기도 했다. 러시아식 거대한 산업생산 시설물들이 북한의 저력을 과시하듯 여러 공장에 즐비했다. 적어도 1980년까지는 국민의 생활수준에서 남한보다 북한이 앞섰다고 보편적으로 알려져 있었다. 다른 곳을 방문하며 가끔 사진을 찍으려 하면 어느 순간에 부부장 동지, 부소장 등 고위층 사람들이 쏙 빠져나가는 것을 눈치 챘다. 그런가 하면 관광을 하다가 다른 그룹과도 마주치는데, 사진을 찍을 때는 상대방이 서로 알아보지 못하게 장벽을 쳤다. 사진에서라도 북한에서 서로 보았다는 증거를 없애려는 것이다.

몇 가지 이상한 점들이 내 관심을 끌었다. 북한의 건물들, 특히 국가 기관들은 현판이나 번호가 붙어 있지 않았다. 길거리에는 공중전화도 없었다. 가는 곳마다 사람들을 만났지만 해맑게 웃는 사람을 본 적이 없다. 거의 모두 피로에 지친 듯했고 생각보다 키가 작았다. 내가 생각하던 북한 사람들의 체격과는 아주 현저히 차이가 났다. 아주 오래된 소련제 트럭이 좌석도 없고 지붕도 없는데 버스처럼 사람들을 싣고 다니는 것도 보았다. 거리거리마다 무거운 짐을 등에 지고 걸어가는 사람들을 수없이 많이 보았다. 상점들은 아주 보잘것없는 데다가 파는 물건도 거의 없는 듯했다. 눈에 많이 띄는 것은 이용원, 선술집 그리고 단고기(개고기) 집이었다. 아, 그런데 길거리의 남자들은 거의 예외 없이 줄담배를 피웠다. 마치 그것이 지상의 낙원에서 즐길 수 있는 즐거움 중 하나인

양. 북한 주민들은 돈이 생기면 저축을 해서 조국 통일을 위하여 국가에 헌납한다고 안내인이 자랑스럽게 이야기했다. 그러나 내 생각에는 돈을 쓸 만한 곳이 별로 없는 듯했다.

그들은 평양의 유명한 관광지가 된 평양 산원Maternity Hospital으로 날 데려갔다. 고위 방문객을 위한 시설답게 인상적인 면이 없지는 않은데, 평양 시내에서 본 사람들이 사는 모습과 너무 대조적이었다. 그러나 지하로 100미터 정도 에스컬레이터를 타고 내려가야 하는 지하철 여행은 아주 신비스러울 정도였다. 핵전쟁이 발발하면 사용할 지하 대피소로 건설되었다는 이야기를 들은 적이 있다. 한 가지 경이로운 것은 정거장마다는 불빛이 아주 밝은 데다가 마치 박물관이나 미술관처럼 각종 그림, 조각, 전시물 등으로 북한 주민들의 생활상이나 혁명적 투쟁사를 표현해놓은 것이다. 지하철은 거의 무료였다. 10전을 내는 경우도 있었다.

고향 생각

초대소의 식사 시간은 기대할 만했는데, 솜씨를 발휘한 여러 가지 전통 한식이 나오기 때문에 가족적인 분위기를 즐길 수 있었다. 여기에서 일하는 여성들은 옛날 어린 시절 할아버지 집에서 일하던 아주머니들과 조금도 다를 게 없었으며 그분들과 이야기하던 때를 떠올리게 했다. 그들이 주는 포근함과 가정적인 분위기는 마치 이웃 아주머니들 같았다. 그들의 말에는 하나도 숨김이 없었으며, 마음을 따듯하게 해주었다. 그들의 북쪽 사투리는 나에게 다시 한 번 고향을 생각하게 했다. 그들은 언젠가 가족과 함께 오면 내 고향 해주도 방문할 수 있을 거라고 했다. 하루는 맛 좋고 부드러운 사슴고기라고 하면서 먹음직한 요리를 상 위에 올려놓았다. 그런데 그들이 말하는 모습이 심상치 않아 자꾸 쳐다보았더니 싱긋 웃으면서 평양 근교의 특별 사육장에서 공급된 단고기(개고기)라고 했다. 사육장이 여러 곳에 있다고 했다. 이렇게 우리 고유의 음식을 즐길 수 있다는 사실만으로도 우리는 한민족이라는 것을 확인하며 위로받고, 동시에 슬프기도 했다.

김일성대학 교수들의 강의

대개 오후 시간은 김일성대학에서 파견된 교수들의 강의를 듣는 시간이었다. 대체로 강의시간은 둘로 나뉘었다. 첫 번째 시간은 주체사상에 관한 체계적인 강의를 경청하는 것이고, 두 번째 시간은 공공정책을 수행하기 위한 각종 입법 제정과 발달 및 시행에 관한 것이었다. 김 교수라는 분의 강의는 마르크스 레닌의 사상보다도 더 탁월한 주체사상을 어떻게 김일성이 손수 발전시켰나 하는 것이었다. 이 강의를 하면서 김 교수는 헤겔부터 칸트, 심지어는 사르트르에 관한 이론을 설파했으며 러시아 혁명이 실패할 수

밖에 없었던 것은 지도자 승계를 분명히 하지 않았기 때문이라고 했다. 반면에 북한은 세대에 걸친 혁명 이념을 순조롭게 유지하기 위하여 혁명 이론을 재정리했다고 했다. 이렇게 해서 김 씨 왕조의 건립이 정당화되는 것이라고 생각했다.

김 교수는 이런 강의를 2~3일 계속하는데 놀라운 것은 손에 단 한 장의 강의 노트도 없다는 것이다. 나처럼 평양을 방문하는 사람들에게 유사한 강의를 하는 것이 그의 생계수단일 거라는 생각은 했지만 어쨌든 대단한 실력의 소유자다. 김 교수의 강의 일환으로 저녁에는 북한의 혁명적 투쟁과 한국전쟁에 관한 영화를 몇 편씩 보았다. 가끔 저녁식사도 함께 하면서 우리 사이가 좀 더 가까워졌다는 생각이 들자 간혹 거북한 질문도 해보았다.

"교수님은 모든 이론적 성과를 김일성의 공으로 돌리는데, 그렇다면 김 교수님 자신은 성취한 게 아무것도 없다는 것입니까?"

그는 대답을 하는 대신 겸연쩍은 듯 미묘한 미소를 지었다.

다른 오후의 강의는 건강보험, 사회보장, 주택, 생활수준, 그리고 실업대책에 관한 사회주의 입법 제정에 관한 것인데 나의 서면 요청에 따른 것이고, 덧붙여서 나는 국가 예산이 위의 정책 분야에 어떻게 할당되는지 분석해내야 했다. 곧 정책의 실질적 이행이 국가 예산 편성에 어떻게 반영되는지 분석하는 것이 나의 연구 과제 중 하나였다.

김 교수가 제시하고자 하는 결론은 국가 건설의 일환으로 나타난 사회정책의 발달로 '사회주의의 우월성'을 증명하는 것이었다. 이것이 북한이 세상에 내놓고 싶어 하는 혁명의 결과물이다. 보통 사람들을 만나건 대학교수를 만나건 그들의 거의 광적인 민족주의는 오히려 나를 부끄럽게 했다. 나는 남한 국민들도 좀 더 민족주의적 사고를 강화할 여지가 충분하다는 생각을 했다.

두 번째 강의 시리즈를 할 무렵엔 나도 자료를 구축하기 위해 각종 출판물과 노동신문, 잡다한 선전 강론 책자들을 섭렵해야 했다. 1950~1980년까지 국가 원수의 연두 교서 내용을 분석하고, 입법 제정의 분석적 비교, 그리고 국가 예산이 5대 욕구 영역에 어떻게 편성되는가에 관한 세 가지 자료를 삼각 분석하는 것이었다.

두 교수는 늦게까지 강의를 하고 나와 함께 저녁식사하는 것을 반겼다. 음식이 훌륭했을 뿐 아니라 후식으로 캐드버리 초콜릿과 양주가 나왔기 때문이다. 그렇다! 다른 곳도 아닌 외국인 초대소가 있는 평양 한가운데서 미국 소비사회의 상징인 '캐드버리 초콜릿'을 맛보게 되는 것이다. 한번은 호기심이 나서 TV에 붙어 있는 '모란'이라는 상표를 떼었더니 그 밑에 일본 상표가 붙어 있었다. 교수들이 초대소에서 늦게 퇴근하기 때문에 나는 아주 탐구심이 강한 학자라는 평이 나돌기 시작했다.

북한 주민을 만날 수 없는 이유

어떤 때는 갑자기 지나가는 건물이 무엇이냐는 등 마치 나의 기억력을 시험하듯 질문을 던지곤 했다. 그때마다 나는 속으로 '내가 미래의 간첩으로서 얼마나 쓸 만한가 테스트하는구나.' 하고 뇌까렸다. 나는 매순간 일어나는 상황을 정리하고 해석하며 때로는 암기해두려고 했기 때문에 상당한 긴장감을 느꼈다.

어떤 때는 방을 나서면서 누가 내 소지품을 뒤지지 않을까 하는 의구심에 가방 위에 머리카락을 살짝 올려놓기도 했다. 이거야말로 완전히 제임스 본드의 007 작전이라는 생각을 하면서 말이다. 내가 가장 염려한 것은 가방 속에 감추어둔 두 권의 영한 대역 성경과 평양의 일상을 정리한 일기장이었다. 여기까지 오면서 좋은 사진을 찍겠다고 들고 온 커다란 캐논 카메라도 걱정이었다.

나는 안내인과 운전기사, 초대소에서 일하는 사람들 외에는 다른 주민을 만나지 못해 답답해졌다. 그래서 대동강 둑을 따라 이른 아침 5시부터 조깅을 시작했다. 초대소 근처는 접근하기 어렵고 어차피 보초가 있기 때문에 사람이라곤 찾아볼 수가 없었다. 조깅을 하다가 우연히 내가 머무는 초대소가 있는 곳에 다른 초대소가 여러 채 있는 것을 알게 되었고, 어차피 성경을 이 근처 어디에 떨어트려도 곧 발각될 것이 뻔하기 때문에 그대로 가지고 있기로 했다.

가끔 일터로 가는 농부들을 만나 반가운 마음에 인사를 했으나 쳐다보지도 않고 그대로 지나갔다. 아마도 이른 새벽에 대동강변을 자유롭게 조깅할 수 있는 사람이라면 특권층에 속한 사람으로 보였을 테니 북한 주민의 눈에는 내가 보통 사람들과는 완전히 다르게 보였을 것이다. 그뿐만이 아니다. 혹시 나의 친절한 인사 때문에 그 농부가 위험에 처할 가능성도 배제할 수 없었다. 북한 주민을 만나고자 하는 시도를 포기하기로 했다.

나는 다른 사람들을 만나지 못하도록 보호막에 갇혀 있었으며 이런 점이 나에게 북한 사회에 관한 의구심을 더욱 강하게 갖게 만들었다. 이제 내가 출국해야 되는 시간이 가까워오자 무사히 평양을 벗어날 수 있을까 하는 걱정이 생기기 시작했다.

출발하기 전날 오후, 나는 부부장 동지와 작별인사를 나누고 있었다. 무엇인가 구체적인 것을 이야기할 듯하면서도 끝내 말문을 열지 못하는 것 같았다. 북한은 오랫동안 혁명적인 사회주의 국가를 건립하려고 무진 애를 써왔다. 부부장 동지는 내가 도쿄에 도착하자마자 마이크를 들고 북한을 헐뜯는 허위 선전을 하지 않겠다는 약속을 해달라고 했다. 북한은 여러 면에서 나에게 나름 긍정적인 인상을 깊이 심어주기도 했기 때문에 허위 선전을 할 의사는 전혀 없었고, 나도 한 핏줄을 나눈 동포라는 점을 부끄러워하지는 않았다. 그들의 '우리 식대로 한다'는 강력한 주체의식, 민족주의, 그리고 통일에 대한 열망은 그만 나를 매료시켰다. 부부장 동지의 아주 신실한 표정으로 보아서는 꼭 해야 할 이야기가 있는데 계속 주저하고 망설였다. 그러고는 안전하게 여행하고 다시 오기를 바란다고 했다. 누군가는 반드시 나에게 접근하여 북한을 위해 일해달라고 요청할 것 같아서 내내 초조한 마음으로 있었는데 그런 일은 없었다.

　다시 평양을 방문하라는 간곡한 요청은 상당한 가능성을 가지고 나에게 접근했다. 다음에 오면 고향인 해주를 방문할 수 있을 것이라고 유혹했다. 나는 아이들과 함께 온다면 민족의식도 강해질 것이고 한글을 제대로 배울 수 있을 거라는 생각도 했다. 그런가 하면 가족과 함께 북한에 갔다가 고생한 사람들의 이야기가 떠올랐다. 그들이 던진 낚싯밥은 악몽이 되었다. 이런 생각을 하다가 흠칫 놀라서 가족과 함께 다시 와봐야겠다는 생각이 사라졌다. 그저 내일 무사히 떠날 수 있도록 재방문 가능성에 대해 긍정적인 대답만 했다. 초대소를 떠나기 전 내가 사용하던 운동복, 운동화, 바지, 면도크림, 목도리 등 내가 놓고 갈 수 있는 것들을 모두 남겨두었다. 나는 이제 이별을 해야 하는 북한 사람들이 마음에 들었고 그들에 대한 염려가 컸다. 그들도 나를 만난 것을 반가워했으며 다시 조국으로 돌아오라고 했다.

　중국 국적의 쌍발 여객기에 들어섰을 때, 이제 이곳을 벗어나 집으로, 정말 집으로 돌아간다는 안도감이 나를 휩쌌다. 비행기가 하늘로 높이 뜨자 바닥의 뚫린 틈새로 아래에 넓게 펼쳐진 초원을 볼 수 있었다. 이 비행기가 안전할까 하는 걱정이 잠시 내 머리를 스쳤다. 중국의 출입국 관리들은 친절하게도 내 호주 여권에 비자를 찍지 않고 별도의 용지에 비자를 내주었다. 이때 중국은 겨우 세상 밖으로 나오기 시작하던 시기라 중국을 방문하려면 상당히 조신해야 했다.

오후에는 여유 있게 베이징 거리를 구경했다. 눈에 차고 넘치게 들어오는 경치라고는 활기 넘치는 건축 붐으로 하늘로 치솟아 오른 수백 개의 크레인과 길을 꽉 메우는 수천 대의 자전거 행렬이었다. 사람들은 거의 예외 없이 공장 노동자의 복장을 하고 있었다. 중국은 기지개를 펴며 경제적으로, 정치적으로 막 일어나고 있었다. 그해가 1983년이다. 나는 챙겨들고 다니던 성경 두 권을 북경 공항의 의자 위에 슬그머니 내려놓고 자리를 떴다.

호주 이민자들에게 거부당한 남과 북의 '화해 정신'

얼마 후 나는 호주 멜버른으로 돌아와 정상적인 생활의 궤도로 올라섰다. 그러나 북한에서 가져온 이야기들을 어떻게 처리해야 할지 안절부절못했다. 아무에게도 얘기하지 못한 채 비밀로 간직해야만 했다. 그러는 동안 북한 방문기를 50쪽 정도 준비해서 이미 합의한 대로 캔버라의 한국대사관 정보 담당 직원에게 보냈다. 나에게 이런 보고서를 쓰도록 요청해서 대단히 미안하다고 했다.

한국도 북한에 대한 최신 정보를 입수해야 하는데 나와 같은 경로를 통해서 무언가 얻어내는 것이 불가피하다고 변명 겸 사과를 했다.

시간이 갈수록 이 엄청난 이야기를 아무와도 나누지 못하고 나만 간직하고 있기가 어려웠다. 최소한 남과 북의 '화해 정신'에서 적어도 멜버른 한인 교회의 교인들에게는 내 이야기를 해줄 수 있을 것이라고 생각했다. 그러나 그들은 '정치적 화해'의 정신을 이해하지 못했다. 나는 아내와 교회 목사님과 의논한 후 교인들에게 털어놓기로 했다. 교인들이라도 마음을 열고 북한 공산 학정하에 있는 동포들에게 도움을 주고 함께 기도할 수 있는 길을 모색해보자는 의도로 이야기를 나누고 싶었을 뿐이다. 그런데 호주에 사는 한국 이민자들은 정치적으로 완전히 보수화되어 세상 밖과 단절하고 있는 듯했다. 한마디로 나는 교인들에게 폭탄을 하나 던진 격이 되었다. 결국 북한을 동정하는 측과 남한을 지지하는 측으로 첨예하게 갈라졌다. '화해'라는 언어가 그들에게 아무런 의미가 없었음은 말할 나위도 없다. 칼 바르트의 화해의 신학이 설 자리가 없는 것이다.

한동안 나에게 온갖 욕설과 위협을 담은 전화가 빗발쳤다. 내가 북한에서 자금을 받아 볼보 승용차를 샀으니 그것도 폭파해버리겠다고 했다. 나도 아내도 의기소침하지 않고 용감하게 주일마다 교회에 나갔다. 어느 날 대사관에서 전화가 왔는데, 소식은 다 들고 있는데 끝까지 침착하게 견뎌내라고 하면서, 한인들의 항의 때문에 공개적으로 나를 지지해줄 수 없어 애석하다고 했다.

나를 지지하던 분들이 가끔 집에 들러 우리를 위로했다. 나는 교민들이 북한을 방문해서라도 작은 통일의 물꼬를 트기를 바라는 마음이 있었다. 그러나 현실은 전혀 달랐다. 오직 시간이 흐름에 따라 충격과 상처도 가셨고 조금씩 이해의 폭이 넓어졌다. 내가 북한을 방문하고 고통당하는 동안 나를 잘 지켜준 아내에게 감사한다. 나는 그 고통의 대가를 1988년 모나쉬 대학의 박사학위 논문으로 받았고 한국을 향한 발걸음은 더욱 더디게 되었다. 학위 논문 주제는 '사회정책 발달 요소로서의 이데올로기 : 사회주의 북한과 자본주의 남한의 비교연구'다.

희망과 사랑의 편지

자메이카의 후원자

고아원 용어로 나에게는 '후원자'가 있어서 고아원에 가끔 돈을 보내주어 내 생활에 도움을 주었다. 고아원에서는 우리가 혹시나 후원자에게 폐를 끼치거나 금품을 요구할까 봐 염려하여 절대로 개별적으로 접근하지 못하도록 되어 있었다. 어쨌든 후원자들에게도 우리 주소며 기타 신상에 관한 것을 알려주지 않기 때문에 후원하는 아이들에게 직접 연락할 수 없었다. 게다가 분명히 언어 장벽도 있었다. 사실 문제가 없는 것은 아니었다. 고아원생 모두가 후원자가 있는 것이 아니기 때문에 후원자가 없는 아이들은 당연히 박탈감을 느꼈을 것이다. 이런 것을 잘 알기 때문에 나는 나의 후원자에 대해서, 예를 들면 미시간 주의 '골든 레이디스 클럽'에 대해 이야기하는 것을 조심스러워했다. 내가 대학에 다닐 때는 가끔 후원자들이 개인을, 아니면 그룹을 도와야 하느냐를 두고 토론을 했다. 토론의 핵심은 개인보다는 빈곤에 처한 집단을 대상으로 하는 프로젝트 중심의 활동이 도움의 효과가 크다는 것이었다. 예를 들어 갓난아기가 홍수 난 강물에 떠내려오는데, 어린 아이를 먼저 구할 것이냐 아니면 홍수가 나지 않도록 강 상류에 댐을 쌓을 것이냐 하는 문제다. 테레사 수녀가 하는 일이란 기껏해야 굶주린 사람들을 먹이려고 하는 구걸 행위에 지나지 않는다는 것이다. 그런데 테레사 수녀는 이렇게 응수한 적이 있다. "배가 고픈 사람도 먼저 먹어야 낚싯대를 잡고 고기를 잡을 수 있는 힘이 생기지 않겠는가." 양쪽 이야기 중 어느 것이 옳다고 선뜻 말하기는 어렵고 둘 다 경청할 여지는 있다고 생각한다. 그럴 수밖에 없는 것이 이제부터 내가 하려는 이야기는 개인 후원자, 나의 영국 부모님에 관한 이야기이기 때문이다.

어느 날 스틴스마 씨가 나에게 편지 한 장을 건네주면서 자메이카에 있는 나의 후원자에게서 온 것이라고 했다. 간략한 번역문이 첨부되어 있었고 그 안에는 가족사진도 한 장 들어 있었다. 평소에 편지를 많이 받아보지 못했기 때문에 내용을 읽거나 이해하는 데 시간 좀 걸렸다. 정말로 아이다호 주의 펜팔 친구에게서 편지받는 것을 제외하고는 내게 편지를 보내올 사람은 없었다. 놀랍

영국의 가족에게 보낸 편지들. 훗날 막내 누이 도로시를 통해 이 편지들을 돌려받게 되었다.

게도 그 편지를 보내온 분은 나에 대해서 상당히 많은 것을 알고 있는 듯했고 사진에 있는 가족의 이야기를 하면서 내가 원한다면 직접 편지를 쓰라고 했다. 나는 몇 번이나 그 편지를 반복해서 읽고 또 읽었다. 그 편지를 쓴 분은 카터렛 부인이라고 했으며 현재 서인도 제도의 자메이카에 살고 있다고 했다. 영어의 W. I.가 무슨 약자인 줄 몰라서 영어사전을 찾아보기도 했다. W. I.West Indies는 지도상으로는 한 번도 들어본 적이 없는 서인도 제도라고 했다. 편지는 아주 진한 푸른색 만년필로 쓰여 있었다. 그분의 글씨는 영어 시간에 배운 것과는 너무 달랐다. 그러니 모든 내용을 제대로 이해했다고 말하기도 어렵다. 카터렛 부인은 내게 보내는 편지에서 그곳의 가족생활에 관한 여러 가지 이야기를 해주었다. 나는 어떻게 해서 1966년에 영국으로 돌아갔는지 그 이야기도 듣고 싶었다. 이렇게 해서 오랜 세월에 걸친 우리의 편지 왕래는 시작되었다. 나는 카터렛 부인과 나에 대한 여러 가지 이야기를 나누고 싶었으나, 내 영어 실력으로는 엄두도 못 낼 일이었다.

성경 구절과 시로 채운 편지들

나는 어렸을 때 열심히 주일학교를 다닌 성실한 소년이고 자메이카의 가족들도 크리스천이기 때문에 기독교식으로 인사하고 싶었다. 편지를 쓰려면 항상 시작하는 첫줄이 어려웠다. 때로는 며칠을 서성거리면서 어떻게, 어떤 말로 시작해야 할지 고심했다. 편지를 쓰는 것보다 읽는 것이 그나마 쉬웠다. 내 영어는 아직도 초급 단계여서 내 생각이나 느낌을 자유롭게 표현할 수가 없었다.

나는 편지를 쓸 때 사용할 수 있는 좋은 문구를 모으기 시작했고 때로는 성경에서 문구를 가져와 적절하게 고쳐 쓰기도 했다. 내가 좋아하던 문구는 사도 바울의 말씀인데 주로 "하나님과 우리 주 예수께서 주시는 은총과 평화가 너희와 함께 하시기를."이거나 "우리 아버지 하나님의 은총과 평화가 너희에게 함께 하기를." 등이었다. 위와 같은 성경 구절이 내가 편지를 쓸 때는 "서울에서 그곳 가족들의 은혜와 평화가 가득하기를 기도합니다." 등으로 변하게 된다. 그러고는 거기에다 다른 이야기를 조금씩 더해나갔다.

　시간이 흐르면서 영어 편지 쓰는 실력은 분명히 많이 나아졌을 테고 좋은 영어 표현이 늘기 시작했다. 물론 영국 어머니와 몇 년에 걸쳐 편지 왕래를 한 것이 영어 실력을 향상시키는 데 가장 큰 공헌을 했음을 인정한다. 편지 왕래 횟수가 빈번해짐에 따라 영어도 좀 더 쉬워졌지만 좋은 문구를 찾는 노력은 계속했다. 어떤 때는 텅 빈 여백을 메우기 위하여 고심하다가 윌리엄 워즈워스의 시 〈수선화〉를, 또 어떤 때는 워즈워스의 시 중 "그녀는 아무도 발을 디디지 않은 길가에 살았네." 하는 루시에 대한 시를 써 보내기도 했다. 〈루시〉를 써 보낸 것은 어머니 이름이 루시Lucy기 때문이었다. 그랬더니 영국 아버지(후에 영국에 가서는 대디Daddy라고 불렀다)께서 어찌나 좋아하시던지! 그분은 내가 아주 영리하다고 생각하셨고 세븐오크스에 함께 살 때 내가 보낸 시 이야기를 종종 하셨다. 그런데 사실은 고등학교 영어 교과에서 얻어온 것이었다. 몇 년 후 영국 부모님께서 은퇴하고 영국의 아름다운 호수지방에 살 때 한번은 나를 집 근처 워즈워스 생가로 데려다주셨다. 그때는 아주 이른 봄이었는데 정말로 수백 개의 수선화가 워즈워스의 시에서처럼, 그리고 내가 옮겨 쓴 것처럼 차가운 봄바람에 춤추고 있었다.

수선화

하늘 높이 골짝과 산 위를 떠도는
구름처럼 외로이 떠돌다가
떼 지어 활짝 핀 황금빛 수선화를 문득 나는 보았네.
호숫가 줄지어 선 나무 밑에서
하늘하늘 미풍에 춤추는 것을

은하에서 반짝이며 깜박거리는
별들처럼 잇따라
수선화는 샛강 기슭 가장자리에
끝없이 줄지어 뻗혀 있었네.
나는 한눈에 보았네.
흥겹게 춤추며 고개를 살랑대는 무수한 수선화를

호수 물도 옆에서 춤을 추지만
반짝이는 물결보다 더욱 흥겹던 수선화
이렇듯 즐거운 벗과 어울릴 때
즐겁지 않은 시인이 있을까.

나는 그저 보고 또 바라볼 뿐

수선화.

그 광경이 얼마나 값진 것임을 미처 몰랐네.

어쩌다 하염없이 또는 시름에 잠겨
자리에 누워 있으면
수선화는 내 마음속에 떠오르는
고독의 축복
내 가슴 기쁨에 넘쳐
수선화와 더불어 춤춘다.

'사랑하는 어머니에게'

카터렛 부인이 이제부터 어머니라고 불러도 된다고 언제 말했는지는 확실히 기억나지 않는다. 물론 나도 그럴 수 있으면 좋겠다는 생각을 하던 중이기 때문에 아주 반가웠다. 그러나 실제로 '어머니'라고 부르는 데는 시간이 걸렸으며 약간 망설이기도 했다. 그러나 시간이 지남에 따라 편지의 서두를 '사랑하는 어머니에게My dear mother'라고 쓸 수 있는 기쁨을 맛보게 되었다. 항공 엽서에 쓰는 우리의 편지 왕래는 적어도 한 달에 한 번 이상이었으며 10여 년간, 곧 1969년 내가 영국에 갈 때까지 계속되었다. 간혹 샬리와 존, 아버지도 편지를 보내오기는 했지만 주로 어머니와의 편지 왕래가 주축을 이루었다. 나는 영국에서 온 편지를 받아들 때마다 말로 표현할 수 없는 희망과 안전감을 느꼈고 이 지구상의 누군가가 내 생각을 해준다는 사실이 나에게 평안함을 주었다.

후원자로서 그들은 나에게 그들의 삶 속에 들어오도록 초대했다. 마치 프로젝트가 아닌 사람 중심의 사업이 중요하다고 지지하듯 말이다. 서로 알지 못하는 후원자가 도움이 필요한 고아들을 돕는 차원을 떠나, 그들은 나를 하나의 사람으로 받아들여준 것이다. 고아들도 물질적인 도움 못지않게 인간적 접촉이 필요하다. 같은 맥락에서 최근 국제협력 분야에서도 인간 중심의 발전이 관심 대상이 되는 것을 주목할 여지가 있다. 내가 왜 영국의 부모님과 편지 왕래를 통한 만남을 희망과 안전감으로 표현했을까? 나는 이미 길거리 소년이었을 때 토레이 선교사님을 만난 경험이 있다. 그런데 영국 부모님은 내가 사춘기 소년으로 혼자 방황하는 트라우마를 경험하던 시기에 만났다. 내 주변의 여러 가지에 대해 민감하게 반응하던 사춘기 때 나는 별 볼일 없는 내 장애에 대한 생각으로 처절함과 분노가 가득했다. 그래서인지 노도와 같은 사춘기에 반드시 필요한 희망과 안전감을 찾게 된 것을 고맙게 생각하는 것이다.

편지를 쓰는 것은 마치 기도하는 것과 같아서 나를 기쁘게 했다. 나는 작은 가방에 영국에서 오는 편지들을 모아두었는데 나중에는 그 가방이 차고 넘칠 정도였다. 영국으로 떠나면서 그 귀중한 편지들을 간직할 곳이 없어서 신세를 지던 친구에게 내가 돌아올 때까지 편지와 책들을 보관해달라고 했는데 20여년 만에 한국에 돌아오니 내 친구와 맡겨둔 물건들이 어디로 갔는지 찾을 길이 없었다. 나는 지금이라도 그 편지들을 간직하고 싶다.

편지 왕래는 내가 영국을 떠나 독일로, 거기에서 다시 호주로 가서도, 그리고 한국에 가서도 계속되었다. 아마도 이메일이나 스카이프, 스마트폰 등이 우리의 옛날식 편지 왕래를 변화시키기도 할 테지만 영국 부모님에게서 편지를 받는 것은 큰 기쁨이며 축복이었다. 그 편지들은 그들이 나를 위해 염려하고 사랑한다는 것을 내가 피부로 직접 느낄 수 있게 했다. 동시에 그들은 나에게 꿈을 갖게 했다. 언젠가는 영국에서 만나게 되리라는 꿈을.

새로운 시작

앞에서 언급한 것처럼 나는 오랜 편지 왕래 끝에 1969년 9월에 영국의 가족과 만났다. 이 해는 실로 내 삶을 송두리째 바꿔놓은 희망 벅찬 새 삶의 시작이 되었다. 나는 매일 아침 오리털 이불에서 나와 아래층에 내려가 차 한잔과 아침식사를 하며 하루를 시작하게 되었다.

주일 아침에는 온 가족이 모여 베이컨과 토마토 프라이, 달걀, 맛 좋은 잼과 토스트로 함께 식사를 한다. 오전에 교회에 다녀와 선데이 디너로 일주일 최고의 식탁을 차린다. 한동안 나는 교회에 가면 교인들에게 관심 집중의 대상이 되었는데, 부모님이 나를 한국에서 온 아들이라고 소개했기 때문이다. 그런데 교인들의 진심 어린 환영은 대단했다.

어떤 봄날 주일에는 온 가족이 함께 숲으로 블루벨스를 구경하러 산책에 나서기도 했다. 내가 행복하게 웜의 가정생활에 익숙해지자마자 아주 어려운 일에 봉착했는데 그것은 아침저녁으로 가족들과 만나면 키스로 인사해야 하는 것이었다. 나로서는 도무지 스스럼없이 키스하기가 어려워 어쩔 줄 몰라 한동안 고생했다. 또 하나의 곤란한 상황은 식사가 끝나면 모두 일어나서 부엌에 들어가 식기를 닦는 것인데 항상 남자들이 앞장을 섰다. 당시만 해도 한국 문화에서는 남자가 주방에 들어가는 일이 거의 없어서 역시 한동안 고생했다. 얼마 후 문화 차이 때문에 생기는 어려움을 극복하기는 했지만 말이다.

시간이 흘러 나는 용감하게 가족들에게 인사로 키스를 할 수 있었고 주저 없이 설거지도 함께 하게 되었다. 윔에서는 그 집에 사는 사람들과 방문객으로 거의 언제나 가득 차 있었다. 이 집에는 여분의 방이 여러 개 있었다. 식당에는 멋지게 조각된 커다란 참나무 테이블이 있었는데 주말에는 방문객들 때문에 연장시켜야 했다. 손님들 중에는 싱가포르에서 훈련차 나온 의사, 자메이카에서 온 친지도 있었다. 어머니는 원래 자메이카의 부유한 농장 집 외동딸이어서 성장할 때는 집안일을 돕는 사람들이 있었기 때문에 한 번도 직접 요리를 해본 적도, 할 필요도 없었다고 한다. 그러나 영국으로 건너와서는 직접 팔을 걷어붙일 수밖에 없었다. 20명 정도의 음식을 준비하는 것은 큰 문제가 안 되었고 자신의 요리 솜씨에 어느 정도 자신감도 갖게 되었다.

식사시간이 주는 즐거움

나는 가능하면 큰 테이블에 가족과 둘러앉아 저녁을 먹고 싶어서 대학에서 저녁시간에 맞춰 돌아오려고 애썼다. 음식이 푸짐하고 따뜻해서 좋을 뿐 아니라 아버지는 항상 그날에 있었던 재미있는 이야기를 가족들과 함께 나누려고 준비하셨는데, 병원에서 있었던 일이나 출퇴근하면서 보아두신 이야기들이었다. 어떤 때는 들려줄 이야기를 잊지 않으려고 손수건에 매듭까지 만들어놓았는데, 막상 집에 오면 그 매듭을 왜 만들어놓았는지 기억이 나지 않아 한바탕 웃어버릴 때도 있었다. 나는 항상 식사 때마다 옆에 작은 노트를 하나 준비해두었는데, 대화를 하던 중 내가 모르는 단어나 관용구가 있으면 다 받아 적으려는 것이다. 식탁에서 나누는 대화는 풍부했고 표현도 다양했다. 예를 들면 이런 것들이다.

You are picking up fag end.
(지금 이야기의 앞부분을 놓치고 뛰어들잖아!)
She was cutting off her nose to spite her face.
(저 여자는 지금 자기가 부끄러운 줄도 모르고.)
Our gardener Ken has a chip on his shoulder.
(우리 집 정원사 켄은 항상 불만이 있어.)
He is a Jack of all trade but master of none.
(재주는 많은데 제대로 할 줄 아는 건 없다.)
She has a posh house on the hill.
(그 여자는 언덕 위 아주 좋은 집에 살고 있다.)
Oh, you are all spruced up today.

(오늘은 아주 멋지게 차려 입었구나.)

A penny for your thought?

(무얼 그리 심각하게 생각하니?)

우리는 정치에 관한 이야기를 많이 했기 때문에 나는 특히 다음과 같은 표현이 곧바로 마음에 와닿았다.

They are feathering their own nests all the time.

(그자들은 항상 자기 배만 채운다. 부정 축재를 일삼는다.)

그리고 저녁식사 후에는 항상 둘러앉아 성경을 읽고 함께 기도를 했다. 나는 특히 아버지가 떨리는 듯 감격한 억양으로 읽어 내려가시는 것을 좋아했고 시편 139편을 읽으실 때는 그의 표현이 마치 배우처럼 들렸다. 영국 부모님은 여러 나라에 파송된 선교사들이 보내오는 기도 요청서를 고무 밴드로 동여맨 뭉치를 가지고 계셨는데, 기도의 마지막에는 한 장을 선택하여 그 선교사를 위하여 기도한다. 내가 틀릴 수도 있지만 이렇게 성실하게 예배하는 한국의 기독 가정이 얼마나 될까, 아마 많지 않을 것이라는 생각을 해보았다. 나도 자녀들을 키우면서 웜에서 배운 대로 가족예배를 하기가 힘들었다. 아이들이 아주 어렸을 때를 제외하고는 말이다. 웜의 가정생활은 아마도 영국의 전형적인 기독 가정의 모습일 것이다. 다만 그러한 전통들이 세계 어디서나 너무나 빠르게 사라지고 있다. 그들의 성실한 신앙생활 모습이 나에게 감동을 주었다. 어떤 때는 수프 한 그릇과 빵 몇 조각으로 저녁상을 차릴 때가 있다. 그렇게 해서 꼭 도와야 할 선교사나 참여해야 할 프로젝트가 있으면 동참하는 것이다.

윔 저택의 사람들

윔은 항상 개방된 집처럼 사용되었고 나는 이 집에서 생활하는 사람 중 하나였다. 그 집안에서는 가족 외에 세 사람이 더 살고 있었다. 자메이카에서 온 어머니의 미혼 사촌, 정신적인 문제로 고생하며 온 가족을 제쳐놓고 어머니를 독차지하며 끊임없이 정서적 지원을 갈구하는 그웬이다. 어머니를 독점하는 성향이 아주 강하기 때문에 집안의 막내인 도로시가 고생을 했다. 그러나 지금 생각해보면 누군가를 붙들고 의지하지 않으면 안 되는 한 인간의 갈급한 욕구도 이해해줘야 할 것이다. 몇 년을 이렇게 살았지만, 부모님께서 은퇴하고 호수지방으로 가셨을 때는 어느 정도 독립생활을 할 수 있을 만큼 치료가 되어 세븐오크스의 요양소 직원으로 근무할 수 있게 되어 얼마나 다행인지 모른다. 어머니의 사랑과 인내가 결실을 맺은 것이다.

마지막 한 사람은 나와 나이가 비슷한, 아버지의 조카 제임스로

바로 내 옆방에 있었는데 그 역시 정신질환으로 고생했다. 그러고 보니 그의 온 가족이 정신질환으로 고생했으며, 제임스의 부친은 그 모든 부담을 혼자 감당해야 했다.

특별히 다른 점이 있을까 하는 의아심이 없는 건 아니지만, 그들 모두 살아가는 데 문제가 있는 사람들이었다. 제임스와 가깝게 생활하면서 정신질환을 깊이 이해하게 되었다. 처방받은 약을 성실히 복용하는 한 별다른 문제가 없었는데 단 그 부작용 때문에 행동이 느리고 숨을 거칠게 쉬었다. 일단 증세가 재발하면 아주 이상한 일들이 뒤따랐다.

일례로 얇은 옷가지에 가죽 허리띠를 두르고 높은 지붕에 올라가서 세례요한처럼 행동한다. 경찰들이 안전하게 그를 지붕에서 내려오도록 하는 데 몇 시간이나 걸렸다. 어떤 때는 경찰에서 집으로 전화가 왔는데 제임스가 고속도로 한가운데서 교통정리를 하고 있다는 것이다. 그런데 대개는 처방받은 약을 잘 복용하기 때문에 정신병원에 들어갈 필요는 없었다. 어머니가 말하길 제임스는 항상 회계사나 은행원이 되고 싶어 했으나 그런 희망이 좌절되면서 정신병 증세가 나타났다고 한다. 한번은 내가 제임스의 옆방에서 좋은 친구가 되어주기 때문에 치료에 많은 도움이 될 것 같다고 아버지가 말했다.

제임스와 나는 서로 은밀한 비밀도 나누었는데, 나에게 10파운드를 빌려주고 한 달에 한 번씩 이자를 받는 것이었다. 그는 나와

은행놀이를 한 것이다. 한 번은 지갑 속 깊은 곳에 콘돔이 들어 있는 것을 보게 되어서 잘 사용할 기회가 있기를 바란다고 말해주고, 나중에 나에게 얘기해달라고 했다. 그런데 나에게 얘기하는 것을 서로 잊어버렸거나 사용할 기회가 없었는지도 모른다. 몇 년 후에 소식을 들으니 미용사와 결혼했고 할아버지가 돼서 케임브리지 근교에 살고 있다고 했다. 다시 한 번 만날 수 있는 날이 오기를 희망한다.

나는 웜에 살면서 명문대학에서 열심히 공부하고, 정원 일을 하고, 테니스코트 페인트칠을 하고, 밭에서 재배하는 여러 종류의 베리와 콩을 수확하고, 신선한 채소를 냉동시키며 '정상'적인 생활을 즐겼다. 그랬더니 어머니는 나를 '미스터 선샤인'이라고 불렀다. 창고 안에서 존이 타던 오래된 자전거를 하나 찾아내 깨끗이 닦고 기름칠을 해 세븐오크스와 켄트 주의 주변 농가를 돌아다녔다. 항상 내 작은 카메라를 들고 다니며 사진도 찍었다. 분명히 나는 혼자서라도 어떻게 즐기며 생활하는지를 알았다. 집이 큰 웜은 기도 모임, 청소년 모임, 헌 옷을 모아 자선 활동을 하는 등 사람들이 많이 드나들었다.

사람들의 마음과 영혼까지 치료하는 의사

나는 이제 모든 사람들이 아주 좋아하던, 내가 대디라고 부르던 아버지에 대한 이야기를 하고 싶다. 어떤 때는 퇴근길에 만나 함께 오는 경우도 있었고 어떤 때는 통근을 하면서 조깅으로 함께 뛸 때도 있었다. 아버지가 먼 길을 운전하실 때는 함께 동행하기도 했는데, 한번은 버밍엄까지 가는 길에 마침 우리 앞에 아주 멋진 재규어가 지나갔다. 아버지가 "나도 저 차 한번 운전해보면 좋겠다 하던 때가 있었다." 하고 말씀하시는 것 아닌가? 그래서 내가 "나한테 그렇게 돈을 많이 쓰지 않았으면 저런 차를 몰 수 있었잖아요?" 했더니 아버지는 "아니다. 자동차보다는 너와 함께 있는 것이 훨씬 좋다."고 말씀하셨다. 평소에 아버지는 어떤 물질적인 것을 소유해보고 싶다는 말씀을 하시는 분이 아니기 때문에 그날의 대화는 흥미로웠다. 아버지와 여행 중에 나눈 이야기는 나에게 약간 부담을 주었다. 나름대로 영국의 부모님이 나를 위해서 돈을 아끼지 않으셨다는 것을 생각하니 새삼 고마움과 부담이 생겼다.

아버지는 의대 공부를 하면서 내내 인도에서 선교사로 일하시던 부모님처럼 가난한 사람들을 위해 일하는 선교사가 되기를 희망했다고 한다. 의대를 졸업하자마자 영국을 떠나 자메이카로 갔다. 그를 찾는 사람이 많아 그의 의료 사역은 24시간 쉴 틈이 없었다. 그는 단순한 의사가 아니라 사람들의 마음과 영혼까지 치료하는 의사였다고 한다. 적어도 아버지에게는 의술은 진심으로 마음과 정신이 모두 요구되는 일이었다. 그분은 실로 환자들의 신체, 정신, 사회, 영적인 생활까지 다 포함하는 총체적인 의술을 행하신 것이다. 분명히 영적인 부분이 의술에서도 반드시 포함되어야 한다고 하셨다.

아버지는 자메이카의 브라운스 타운 대농장주와 가까워졌는데 그분이 아버지를 아주 좋아해서 딸 루시를 시집보냈다. 루시는 이 젊은 의사보다 15세 연하지만 그들은 결혼해서 행복하게 살았고 어머니는 간호원처럼 아버지와 동행하며 진료를 다녔다.

한번은 멜버른의 주유소에서 주유를 하다가 나를 도와주는 한 흑인 종업원에게 어디서 왔느냐고 물었다. 그랬더니 아주 유쾌한 음성으로 자메이카의 브라운스 타운이라고 했다. "브라운스 타운이라고 했나요? 그러면 혹시 카터렛 의사에 대해 들어본 적 있어요?" 하고 재차 물었더니 "네, 그분은 내가 어렸을 때 우리 가정의 주치의였습니다." 하고 대답하는 게 아닌가? 얼마나 신기한가. 세상은 참으로 넓고도 좁다.

영국의 부모님은 다시 한 번 우리 아이들 마틴과 리아를 보기 위하여 멜버른에 오셨고 우리는 빅토리아 주의 열두제자 바위가 해변을 따라 서 있는 서부 해안에서 커다란 텐트를 치고 추억에 남는 캠핑 휴가를 즐겼다. 내가 학위를 마치려면 돈이 좀 필요할 것이라고 생각해서 여분의 돈도 가져오셨다. 내가 대학에서 휴직을 했으니 우리가 경제적으로 힘들 거라고 생각하신 것이다. 절대로 그런 걱정 하지 말라고 했더니 안심하시고 그 돈으로 뉴질랜드에 있는 친척을 방문하고 돌아오셨다.

1989년 아버지가 췌장암으로 투병 중이어서 나는 코니스톤에 다시 갔다. 스스로 처음 진단을 내리기도 했지만 나중에는 전문의에게서 확정 진단을 받았다. 내가 도착할 무렵 아버지는 이미 상당히 약해져 있었다. 그분은 평생 남을 위해 봉사하며 살았다. 한 일주일 동안 머물다가 호수지방의 아주 작은 역인 옥슨홈 역에서 런던행 기차에 오르면서 마지막 작별인사를 했다. 아버지는 자동차 앞좌석에 담요를 덮고 앉아 계셨는데 어찌나 왜소하고 약해 보이던지……. 그때 나눈 작별인사가 82세의 아버지와 나의 마지막 인사였다. 나는 가끔 그분의 꿈을 꾸었고 그런 날이면 아주 기뻤다. 그런데 2016년 다시 한 번 아버지를 꿈에 뵈었는데, 그때 나는 대상포진으로 중환자실에서 투병 중이었다. 승용차 앞자리 어머니 곁에 담요를 덮고 앉아 내가 기차에 오르는 것을 보시면서 나 때문에 슬픈 표정을 하고 계셨다.

아버지께서 돌아가신 후 어머니가 어떻게 지내시는지 영국에 전화를 드렸더니 너무나 외롭다고 말씀하셨다. 이 대답은 약간 의외였다. 그분은 항상 의지가 강하고 독립적인 분으로 내 기억에 남아 있기 때문이었다. 나는 아직도 우리 고유의 효도 사상을 기억하는 한국인이다. 어떻게 해서든 그분의 외로움을 덜어드리고 그분의 깊은 사랑에 보답해야 한다는 생각을 했다. 그래서 나는 한국으로 오시라고 왕복 여행비를 보내드리면서 초청했고 내 누이 로이스와 함께 오셨다. 이 여행을 위하여 내 아내도 호주에서 날아와 합류했다. 그때 나는 중앙대학교 초빙교수로 재직하고 있었기 때문에 교수 숙소에서 함께 생활하며 한국의 여러 명승지를 찾아다녔다. 설악산에도 가고, 한국 음식도 맛보고, 내 가까운 친지들에게 초대받기도 했다.

두 번째로 한국에 오셨을 때는 혼자서 휠체어를 타고 나오셨다. 그러나 지팡이를 짚고 걸을 수는 있었다. 우리는 제주도를 방문하고 KAL 호텔의 한방에서 셋이서 함께 잤다! 어머니는 침대에서, 우리는 바닥에서 이불을 깔고 잤다. 아주 즐거운 여행이었으며 우리 음식을 어찌나 잘 드시는지 식당 주인들에게 인기가 좋았다. 아마도 얼큰한 자메이카의 음식과 비슷했던 모양이다. 한번은 약간 주저하면서 중국 음식을 선택했는데, 짜장면을 시키셨다. 아주 조심스럽게. 그랬는데 이렇게 좋은 음식을 왜 오랫동안 숨겨놓았느냐고 야단이셨다.

6펜스의 추억

나는 2009년 한 학기 동안 런던 정경대에 선임연구원으로 가게 되어 다시 한 번 영국을 찾았다.

내가 이미 오래전에 티트머스 교수에게서 지도를 받으며 공부한 적이 있다고 하니 교수들과 학생들 모두 놀라는 표정이었다. 우리는 북부 런던 유대인 지역으로 잘 알려진 길더스 그린에 숙소를 정했다. 2층 버스를 타고 대학에 드나들기도 무난했다. 내가 대학에 가 있는 동안 아내는 백팩에 김밥과 물 한 통을 넣고 온종일 런던 시내를 쏘다니며 그 많은 박물관과 미술관, 상점들을 누비고 다녔다. 어떤 때는 노팅 힐 게이트, 포토벨로 등과 같은 소문난 마켓을 찾아다니는 재미가 대단했다.

런던에 있는 동안 주말에는 프라하, 바르셀로나, 이스탄불 같은 도시를 방문할 수도 있었다. 오래 기억에 남는 것은 저녁마다 햄스테드 히스라는 커다란 공원에 올라 오랜 시간 산책하는 것이었다. 마틴과 미셸 부부가 런던에서 합류한 것도 큰 기쁨 중 하나였다. 나는 이렇게 벽 높은 배타적인 교수 식당에서, 특히 내 아들 내외와 함께 식사할 수 있는 특권이 주어지리라고 생각한 적이 없다. 옛날에 비해 훨씬 커지고 깨끗한 대학 건물, 늘 가던 고서점과 서점을 둘러볼 수 있어서 정말 즐거웠다. 나는 교문 바로 밖에 있는 '라이츠 바Wright's Bar'에도 들러봤다. 대학 근처에서 가장 저렴한 가격으로 음료와 요기를 할 수 있는 곳이다. 그런데 놀랍게도 그 오랜 세월이 지났는데도 예전 그대로였다. 늦게 도서관을 나서서 이곳을 지날 때면 늘 배가 고픈 시간이었다. 내게 단돈 6펜스만 있으면 차 한잔과 소시지 롤을 먹을 수 있었다. 그런데 그 6펜스가 없어서 항상 지나쳤다. 그래서 서머싯 몸Somerset Maugham의 작품 《달과 6펜스The Moon and Six Pence》를 생각했었다.

런던 정경대 앞에서 아들 마틴과 함께.

런던 정경대 앞에서 아내와 아들.

어머니의 유언장

우리에게 항상 기쁜 일만 있는 것은 아니었는데 어머니께서 연로해 약해지셨기 때문이다. 우리는 기차로 어머니가 묵고 계신 막내 누이 도로시의 집이 있는 햄프셔 주의 윗처치까지 여행했다. 이제는 내가 기억하는 건강하고 자상하며 생각이 깊고 관대하며 솜씨 있는 운전 실력자, 옛날의 어머니가 아니셨다. 그 대신 쇠약해진 건강에 몰두해 있으며 그분답지 않게 타인에 대한 배려는 찾아볼 수가 없었다. 보족기에 의지해야 걸을 수 있으니 이제 다시는 옛날 어머니의 모습을 볼 수 있으리라는 생각은 할 수 없었다.

우리 모두 어머니의 악화되는 건강 때문에 어느 정도 숙연해 있었다. 그렇다고 해서 하루 종일 집안에만 있을 수도 없는 일이었다. 그래서 우리는 멀지 않은 곳에 있는 스톤헨지까지 여행을 해보기로 했다. 스톤헨지는 듣던 대로 신비하고 흥미로운 곳이었다. 그러나 우리가 더 즐긴 것은 가는 길목에 있던 웅대하고 아름다운 솔즈베리 성당과 온 들판을 덮고 있는 양귀비꽃이었다. 제1차 세계대전 중에 피를 흘리고 들녘에 죽어간 수많은 병사를 상징한다는, 그래서 현재는 영국 현충일의 상징이 된 양귀비꽃. 한국에서도 요즘은 양귀비꽃 많이 볼 수 있지만 유럽의 넓은 들녘에서 보는 것과는 그 정서가 완전히 다르다.

나는 2011년 다시 영국에 왔다. 누이 샬리와 전화로 한동안 의

가족과 함께 떠난 여행지 스톤헨지의 거석.

논한 후 아무래도 어머니께서 오래 사시지 못할 것 같다고 해서 코니스톤으로 가기로 한 것이다. 이미 병원에 입원하신 어머니는 쉽게 퇴원하지 못하셨다. 앨런 목사님의 차를 얻어 타고 거의 일주일간 병원을 방문했다. 병동에 머물면서 이야기도 하고 책도 읽어 드렸으나 내가 책을 읽는 것을 즐기실 수 없을 것 같았다. 그래서 "내 악센트 때문에 내가 읽는 것을 즐길 수 있으세요?" 하고 물었더니 빙그레 웃으시기만 했다. 영국 체류 일정이 거의 끝나갈 무렵 어머니의 건강이 아주 좋아지는 듯했다. 담당 의사를 포함한 모든 사람들이 다음 날 퇴원해도 좋다고 했다.

버밍엄에 살고 있는 로이스가 방문할 시간이 되어 샬리와 나는 여유 있는 마음으로 근처의 운치 있는 찻집에서 차를 마시고 있었다. 그런데 갑자기 로이스에게서 다급한 전화가 걸려왔다. 어머니의 증세가 갑자기 악화되어 랭커스터의 큰 병원으로 당장 이송해야 한다는 것이었다. 급작스러운 상황에 우리는 모두 우왕좌왕했다. 앰뷸런스가 도착해 로이스는 앰뷸런스에 타고 나와 샬리는 전화를 주고받으며 랭커스터까지 갔다. 중환자를 위한 침대가 하나 비어 있었고, 병동 직원들도 모두 친절하게 맞아주어서 얼마나 다행이었는지 모른다. 지난번에 계시던 병원에서는 직원들 때문에 속도 좀 상했다고 한다. 시간이 지나면서 여러 곳에서 가족들이 하나둘 모여들었다. 존과 앨시어, 도로시가 한밤중에 멀리 햄프셔에서 도착했다.

그날 밤은 어머니께서 의식상태와 혼수상태를 반복하며 지나갔다. 우리 모두 그분이 즐겨 부르던 찬송가와 시편 23편을 반복해 읽어드리며 함께 울고 기도했다. 어머니는 다섯 시간쯤 지난 후 잠깐 의식을 회복하고는 곧 의식을 잃었다. 의사인 존이 맥을 짚어보고 고개를 떨구며 우리에게 이제 모든 것이 끝났다는 표정을 지었다. 나의 영국 어머니는 89세로 2011년 7월에 돌아가셨다. 운명하실 때 나는 바로 어머니 곁에 있었다. 다음 날 출발할 예정인데 장례식은 적어도 일주일은 기다려야 한다고 했다. 나는 장례식까지 머물 수가 없었다.

우리는 모두 그날 밤 집으로 돌아왔다. 그리고 다음 날 식탁에 둘러앉아 여러 가지 사후 대책을 논의했다. 이제 다시는 어머니를

어머니 루시 카터렛.

우리 곁에 모셔오지는 못한다. 그리고 한국 문화와는 조금 다른데, 우리가 처음 함께 한 일은 유언장을 읽는 것이었다. 자세한 것은 기억에 없지만 그 유언장에는 분명히 이렇게 쓰여 있었다.

"Mr. Hyung Shik Kim of 5 Harley Terrace, Mosman Park, Australia."

곧 호주에 살고 있는 김형식도 나의 유언대로 모든 것을 동일하게 상속받는다는 내용이었다. 이 유언장에 잊지 않으시고 다른 자녀들과 동일하게 내 이름을 분명히 포함하신 것이다. 어머니께서는 평생 기부 생활이 몸에 배었고 이미 30만 파운드(약 4억 원) 이상을 기증하셨으니 우리에게 돌아올 것은 이곳 코니스톤의 별장과 주식이 조금 남아 있을 뿐이었다. 기증에 대해서 이야기하면 2.5에이커(약 3,000평)나 되는 세븐오크스의 큰 저택을 시각장애인 선교 단체에 기증하시고 이곳 별장으로 오셨다. 우리 형제 중 누군가는 어머니가 그 집을 기증하지 않았다면 우리에게 돌아올 유산이 컸을 것이라는 이야기도 했다. 어쨌든 어머니의 유언장에 내

어머니를 보내고 서울로 떠나기 전 가족과 함께.

이름이 빠져 있으면 나는 얼마나 실망하고 슬펐을까 하고 생각해 보았다. 유산을 받고 못 받고를 떠나 네 명의 자녀 중 하나로 끼어들지 못하고 말았다는 사실, 결국 나는 아들이 아니었다는 사실이 나를 얼마나 참담하게 했을까 하는 생각 때문이다. 아마도 상처가 컸으리라.

어머니께서 간직하고 있던 옛날 편지들

몇 개월이 지난 후 집 정리를 하던 도로시가 어머니께서 간직하고 계셨던 내 옛날 편지를 한 묶음 보내왔다. 내가 반가워할 것이라고 하면서. 나는 전혀 기대하지 않았는데 내가 부모님께 보낸 편지를 다시 보게 되어 얼마나 기뻤는지 모른다. 그러나 내가 어머니에게서 받은 수많은 편지들은 돌아오지 못했다.

편지 뭉치 속에서 내가 1974년 6월에 보낸 편지 한 장을 발견했다. 몇 년이 지난 후에 '보고 싶은 어머니와 가족들에게'라고 시작하는 편지를 다시 읽으니 감회가 새롭다.

1974년 7월 21일

며칠 전 런던에서 우송된 《Scripture Union》을 받았습니다. 5~8월 성경공부용인데, 매일매일의 신앙생활에 큰 도움이 됩니다.

보시는 대로 제 영어는 아직도 많이 부족합니다. 그래서 제가 편지를 받고 얼마나 반가웠지 제대로 말할 수 없어서 죄송할 뿐입니다. 그러나 편지를 읽는 데는 아무런 어려움이 없습니다. 교회로 돌아가면 교회 학생들에게 이 잡지를 번역해줄 것입니다. 요즘은 아주 더운 여름인데 어제는 비가 내려서 아마 농부들이 반가워했을 것입니다. 어제 자메이카에 대한 영화를 보았는데, 제가 생각하던 것보다 훨씬 아름다웠습니다. 많은 사람들이 자메이카에 대해 잘 몰라서 제가 아는 한 설명해주려고 합니다. 지난주에는 할 일이 있어서 서울에 다녀왔습니다. 거기서 옛날 고아원 친구들을 만났는데 스틴스마 씨는 여름휴가를 가서 만나지 못했습니다. 서울을 떠나기 전 소포를 두 개 받았는데 하나는 《우리의 일용할 양식》이고 다른 하나는 《캐리비언 챌런지》라는 잡지입니다. 자메이카에 관한 잡지에는 아주 흥미로운 기사가 많았는데, 아마 어머니도 〈기독교 지도자 킨튼 카가 서인도 제도를 방문하다〉라는 기사를 읽으셨을 것입니다. 제가 알기로는 그분이 한국에도 2년 전쯤 방문했습니다. 불행히도 한국에는 기독교 간행물이 많지 않으니 눈에 띄는 대로 많이 보내주세요. 저는 물론 영어를 읽는 주변의 친구들과 나누어 읽겠습니다. 어머니, 저는 건강 때문에 대학을 휴학해야겠습니다. 저 때문에 너무 걱정하지는 마세요. 그러나 제 장래를 위해서 건강부터 챙겨야겠지요. 존과 샬리도 영국에서 휴가를 마치고 돌아왔나요?

올해 제가 요양원에 가지 않는다면 여름 성경학교에서 가르쳐야 할 텐데 아주 안타깝게 되었습니다. 혹시 제가 제 트랜지스터 라디오에 대해 말씀드린 적이 있나요? 저희 고등학교의 전영창 교장선생님께서 요양원을 방문하시고 제가 꼭 갖고 싶어 한 라디오를 사 주고 가셨습니다. HLKX라는 기독교 방송이 있는데 영어, 한국어, 일본어, 중국어, 러시아어 등으로 전도 방송을 합니다. 오늘은 이만 쓰겠습니다. 주님께서 항상 우리 가족을 지켜주시기를 기도합니다. 그리고 곧 회신주시기를 고대합니다.

당신의 사랑하는 아들, 형식.

추신 : 우표 수집용 우표도 보내주시고요.

1982년 6월에 쓴 또 하나의 서신

서울에서 돌아온 후 수전(영숙)은 일주일에 이틀 야간 근무를 시작했습니다. 밤 근무를 하는 게 얼마나 어렵겠어요? 그러나 아이들이 중학교에 들어가기 전에 준비를 잘해놓아야 하고, 또 가능한 한 주택 융자도 20년을 채우지 않고 빨리 갚으려고 생각합니다. 각오가 대단하니 너무 걱정하지 않으셔도 됩니다. 수전은 틈날 때마다 대학 주변의 한국 유학생들을 돌보아주고 다른 한국 여성들과도 잘 어울립니다.

1982년 12월 31일

성탄을 맞으면서 12월 17일 아침에 전화를 하니 너무나 반가웠습니다. 그렇게 가까우면서도 멀게만 느껴졌으나 어머님의 건강한 목소리를 들으니 아주 기뻤습니다. 마찬가지로 세진이와 리아의 목소리를 들어서 반가우셨을 겁니다. 전화하기 전에 연습을 해두었습니다.

도로시가 나의 옛날 편지들을 내게 보내주어 어찌나 고마운지 모른다. 수년 동안 편지 왕래를 하면서, 특히 내가 어렸을 때는 언젠가 만나게 되리라는 희망에 차 있었다. 내 투박한 영어 편지가 그들을 상당히 재미있게 했을 거라는 생각도 해본다. 우리의 긴긴 편지 왕래는 우리 삶 속의 기쁘고, 즐겁고, 풍부하고, 때로는 힘든 날들의 이야기를 모두 담아냈다. 나는 영국 부모님께 진심으로 감사한다. 나의 삶을 이렇게 풍부하게 만들고 그들의 신앙 속에서 나눔과 기도와 사랑의 삶을 보여준 것을 감사한다.

에필로그

600파운드 새 지폐

이제까지 나에 대해 상당히 많은 이야기를 했다. 이제 에필로그 형태를 빌려 하나의 이야기를 덧붙인다.

1969년 어느 날 서울 영국 항공사B.O.A.C. 직원에게서 런던행 비행기표가 한 장 도착했으니 찾아가라는 엽서가 도착했다. 나도 언젠가는 소식이 오기를 기다리던 중이었다. 항공사 직원은 조심스럽게 비행기표를 보여주면서 아주 귀중한 것인데 그곳에 보관할지 찾아갈지 물었다. 그러고는 그 표는 600파운드나 된다고 했다. 그렇게 큰돈에 대해서는 잘 모르니 600파운드가 얼마나 많은 돈인지 이해가 되지 않았다. 그러나 600파운드라는 액수는 한 번도 잊은 적이 없다. 아마도 언젠가는 그 돈이 얼마나 큰돈인지 알게 될 거라 생각하면서.

1969년도의 환율을 적용해서 600파운드를 계산하면 미화 약 2,640달러(약 300만 원)다. 오늘날에도 결코 적은 액수는 아니다. 그 당시 한국 국민의 연간 평균 수입은 미화 200달러였다. 그렇다면 미화 2,640달러는 한국 국민 13명의 1년 소득이 된다. 그렇게 비싼 비행기표를 나에게 보냈다는 것은 믿기 어려울 만큼 대단한 일이었다. 아버지가 돌아가신 후 나는 가끔 어머니에게 돈을 송금해드렸다. 친구들과 점심을 사드시고 쇼핑도 하시라고 했다. 어머니 생각을 한다는 나의 표현이었을 뿐 도움이 되는 액수는 아니었다. 언제부터인가는 몰라도, 아마 아버지가 돌아가시기 전부터 언젠가는 600파운드를 새 지폐로 준비해 선물로 드리겠다는 생각을 했었다. 내 인생을 바꾼 그 비행기표를 보내주셔서 고맙다는 인사로. 아직도 깊이 후회한다. 그 아름다운 결심을 실천에 옮기지 못한 것을.

희망이 있다면 외롭지 않다

초판 1쇄 인쇄 2017년 5월 25일
초판 1쇄 발행 2017년 5월 30일

지은이 김형식 펴낸이 조병성
총기획 밀알디아코니아 연구소

펴낸곳 밀알
출판등록 제2009-000263호
주소 서울시 강남구 밤고개로1길 34 한울오피스텔 501호
전화 02)3411-6896 팩스 02)3411-6657

값 12,000원
ISBN 978-89-963258-7-1 03810

* 잘못된 책은 바꿔드립니다.
* 이 책의 전부 또는 일부 내용을 재사용하려면 사전에 저작권자와 밀알의 동의를 받아야 합니다.

국립중앙도서관 출판예정도서목록(CIP)

희망이 있다면 외롭지 않다 / 지은이: 김형식. ―
서울 : 밀알, 2017
p. ; cm

ISBN 978-89-963258-7-1 03810 : ₩12000

수기(글)[手記]

818-KDC6
895.785-DDC23   CIP2017012016